はじめてリーダーになる君へ

浅井浩一

ダイヤモンド社

はじめに

JTの歴代最年少支店長として、「万年Bクラス支店」を、2年連続で日本一に導いた著者が語る、「リーダーに必要な5カ条」とは？

この本は、「リーダーを任されたけど、どうしていいかわからない」「思うように部下が動いてくれなくて、困っている」「一日も早く、チームとして結果を出したい」、そんな悩みを抱える、あなたのために書きました。

リーダーであるあなたは、おそらく、
「部下についてきてほしい。だから、まず自分が実績を出さないと！」
「『優秀なリーダー』として、上司（会社）に認めてもらいたい」

こうしたことをお考えではないでしょうか。そのお気持ち、とてもよくわかります。

しかし、「はじめてリーダーになる」、あるいは「プロジェクトを任される」、そんなあなたにまずお伝えしたいのは、あなた自身が「プレーヤーとして優秀」である必要はないということです。

なぜなら、**「プレーヤーとしての優秀さ」と「リーダーとしての優秀さ」はまったく別物**だからです。

リーダーは「優秀さ」を捨てなさい

「プレーヤーとして優秀だからこそ、リーダーを任される」。多くの組織では、こうした人事がなされます。

ところが、優秀なプレーヤーが、必ずしも優秀なリーダーになれるわけではありません。

たとえば、次のような光景を見たことはありませんか？

・「これぐらいはやって当たり前だ」と、リーダーが自分の優秀さを部下に押しつけ、部下の心が離れていく

・「チームとして結果を出したい」と焦るあまり、目の前にいる部下ではなく、業績のみに関心が向いてしまう

当然、こんな状況ではうまくいくはずがありません。ではなくて、
「自分だけががんばるのではなく、いかにチーム全体でがんばるか」
「うまくいかないときは、いかにみんなで知恵を出し合うか」

リーダーになったら、まずこの意識を持って下さい。

「リーダーに必要な5カ条」とは？

私は本書を執筆するにあたり、自分の経験を振り返って、「リーダーに必要な5カ条」というものを考えてみました。

それは**「①自分にできることは懸命にやる」「②できないことは部下に甘える」「③自分**

の優秀さをアピールしない」「④部下に誠実な関心を持つ」「⑤事実に基づく」の5つです。

この5カ条は、リーダーシップを発揮する上でとても大切な基本スタンスだと、私は考えています。

つまり本書は、「リーダーに必要な5カ条」の意味や価値、それに付随する実践方法をお伝えするための本です。

自分にできることは精いっぱいやって、できないことは素直に部下に甘える。

言われてみれば当たり前のことかもしれません。しかし、リーダーという立場になってしまうと、「自分が優秀でなければ、部下がついてこない」という思いから、これがなかなかできないのです。

さらに、冒頭で述べたように、「リーダーとプレーヤーは別物である」ということも忘れてはなりません。たとえば、あなたが一人のプレーヤーであったなら、常に自分の優秀さを発揮し、どんどんアピールすればいいと思います。

しかし、ひとたびリーダーとなったなら、そう単純ではありません。自分の優秀さを発揮するのではなく、「部下に優秀さを発揮させ、成長させる」。これこそがリーダーとしての「本当の優秀さ」なのです。

残りの2つ、「部下に誠実な関心を持つ」「事実に基づく」も含め、この5カ条を理解し、現場で実践できれば、必ずあなたは素晴らしいリーダーになれます。

ダメなリーダーほど、「これ」ができない！

もし、あなたがリーダーとして問題に直面し、「チームがどうもまとまらない」「業績が上がらない」「どうしたらいいかわからない」と迷い、悩んだときには、ぜひこの5カ条について自問してみて下さい。

1 あいさつ、声かけ、自分にできることでいいから、小さなことも含め、一生懸命にやっているだろうか？

2 自分にできないことや知らないことは部下に素直に甘え、頼っているだろうか？

3 見栄をはって、自分の能力、優秀さをアピールしてはいないだろうか？

4　業績や数字ではなく、誠実に、人としての関心を部下に持っているだろうか？

5　印象で判断していないか？　事実に基づいて、部下と向き合っているだろうか？

チームがうまくいかないときは、この5つのうち、必ずどこかに問題があるものです。逆に言えば、そこに必ず解決のヒントも隠されています。

ビジネスでも、スポーツでも「困ったときは基本に戻れ」と言いますが、リーダーにとっての基本が、この5カ条なのです。この5カ条に照らし合わせて行動すれば、チームは必ず変わってきます。

ではここから、私の経歴を含め、この考えに至った経緯についてお伝えしていきたいと思います。

「がんばっても偉くなれない立場」からのスタート

私は、「勤務地域限定」の地方採用、つまりノンキャリアとしてJT（日本たばこ産業）に入社しました。どんなにがんばっても偉くなれない立場でしたが、働きぶりを認めてい

「チームがうまくいかない」と思ったら？

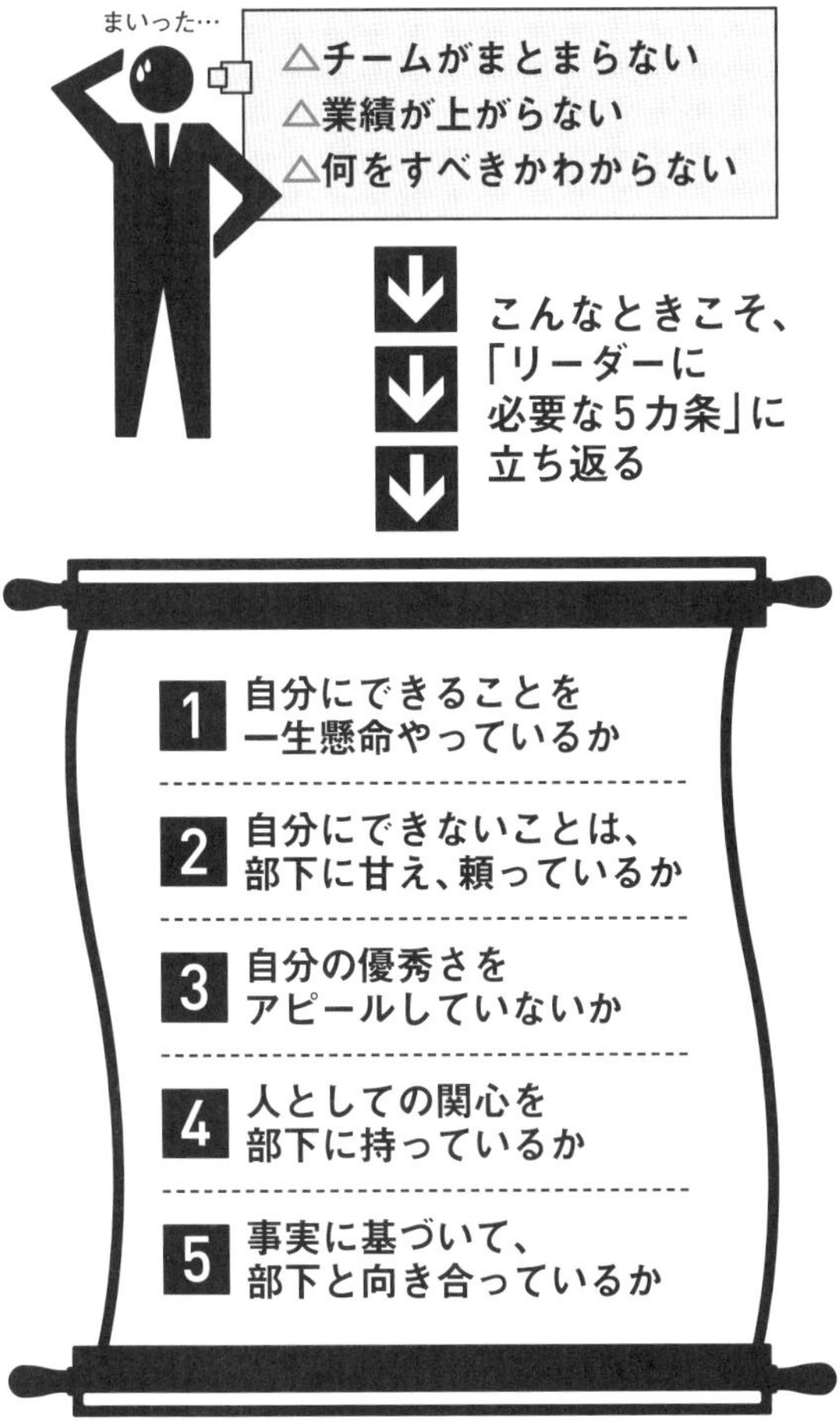
まいった…
△チームがまとまらない
△業績が上がらない
△何をすべきかわからない
こんなときこそ、
「リーダーに
必要な5カ条」に
立ち返る
1 自分にできることを一生懸命やっているか
2 自分にできないことは、部下に甘え、頼っているか
3 自分の優秀さをアピールしていないか
4 人としての関心を部下に持っているか
5 事実に基づいて、部下と向き合っているか

ただき、営業経験がまったくない中で、全国最年少の営業所長に抜擢されました。

その後、営業ど素人の私が率いる営業所はどんどん活気づいていき、ことごとく素晴らしい業績を上げ、とうとう歴代最年少の支店長に大抜擢されたのです。


はじめて支店長を任されたのは群馬県を担当する高崎支店でした。

31支店中、25位より上位の成績をとったことのない、野球でいう万年Bクラスの高崎支店はどんどん活気づいていき、私が着任した1年後にはダントツの日本一に輝きました。

誰一人、高崎支店のメンバーが入れ替わったわけではなく、全員がいきいきと奮起してくれたのです。


日本一という称号以上に嬉しかったのは、みんなで助け合い、たった一人の落ちこぼれを出すこともなく、全員がA（標準）以上の優秀な評価を獲得できたことです。

JTには、SS、S、A、B、Cという5段階評価があるのですが、どんな支店にも、何%かはB以下の部員がいました。全員がA以上の評価を獲得できたのは、会社史上初のことです。

ここまでお読み下さった人の中には、

「それができれば、誰だって苦労しないよ……」
「そんなことで本当に業績が上がるの？」

このように思われた方もいらっしゃるかと思います。

しかし現実に、私よりはるかに専門能力も高く、経験のある優秀なリーダーが率いるチームを尻目に、閉塞感に陥っていた組織がどんどん活気づいていき、素晴らしい業績を叩き出すことができるようになっていったのです。

経験も実績もない状態で、リーダーになってしまった

忘れられない出来事があります。今から20年近く前、経験も実績もない状態で、私はいきなりリーダーを任されました。

その歓迎会の席で、「よろしくお願いしますね」と、部下に笑顔で声をかけたとき、あきらかにイヤそうな表情で、怒気を含んだ言葉が返ってきました。

「いったい、何をお願いされてるんですかね？」

その言葉からは、「お前のような素人の若造に、営業現場がなめられてたまるか」という空気がひしひしと伝わってきました。

事実、営業部員が専門用語で話している内容はまったく理解できず、リーダーシップを発揮するどころか、すっかり自信をなくしてしまった私は、会社から渡された新入社員用の「営業用語の基礎知識」を萎縮して読む日が続きました。

そんなとき、母からお祝いの手紙と一足の靴が届いたのです。その手紙にはお祝いの言葉と共に「あなたを信じて働いて下さる部下の方に感謝し、自ら率先して汗をかくのよ。たくさん歩いても疲れにくい靴を見つけましたので贈りますね」と書かれていました。

「バカはバカなりに、自分にできることでいいから、一生懸命やろう。そしてわからないことは部下に素直に頼ろう」。そんな覚悟を決めた瞬間でした。

翌日から、営業所の片隅に止めてあった自転車に飛び乗り、毎日何十キロと、販売店まわりを始めました。最初は、店主から何か聞かれてもまったく答えられないので、聞かれたことを必死でメモし、営業員に聞きながら、少しずつ営業を覚えていきました。

自分にできることを、一生懸命に

といっても、素人の私にできることなど限られています。

「みんなに明るく接する」とか、「販売店を自転車でまわってあいさつする」、「営業に使う車をみんなと一緒に洗う」など、そんな些細なことばかりです。それでも私は「何もできないんだから、せめて自分にできることだけは懸命にやろう」と思い、日々必死でとり組みました。

そして、何か問題が発生したら「どうしたらいいかな？」「何か、良い方法はありませんか?」とすかさず部下に相談していました。

本音を言えば、私だってリーダーらしく「ああしろ、こうしろ」と言い、素晴らしい解決策を提案してみたかったのですが、私にはその経験と能力がまるでない。営業の知識も、リーダーの経験もまったくのゼロですから、ただひたすら部下に甘え、頼り、知恵をもらうしかありません。

謙遜でも何でもなく、本当にそうするしか方法がなかったのです。

チームが結束し、業績もどんどん上がっていった

ところが、私が営業所長になって半年、1年と経過するうちに、チームの結束が徐々に高まり、業績もうなぎ登りに上昇し始めたのです。

正直言って驚きました。

チームのマネジメントとは本当に不思議なもので、私のようなダメリーダーでも必死で汗を流していると、メンバーたちが「所長を盛り上げよう」と思ってがんばってくれるようになりました。

初めは「仕方ないな」とか「頼りないな」と、あきれつつだったかもしれません。でも、メンバーたちが主体的に動くようになったことで、いつのまにか「自分たちのチーム」という意識が芽生えていったようです。

また、**「上司が部下に頼る」**という形が日常的になっていたので、何か問題が発生した際は「どうしたらいいか、みんなで話し合おう」という空気が当たり前のようにできあがっていきました。

加えて、リーダーである私自身が**「ダメな自分」をさらけ出していた**ので、部下たちが何か悩みを抱えても、それを隠さずに、正直に相談してくれるようになっていきました。図らずも、「正直で、助け合える組織」が自然にできあがっていったのです。

自分にできることを懸命にやり、困ったときは部下に頼り、正直に弱い部分をさらけ出す。私はそうやって日々を過ごしてきました。これが冒頭でお伝えした「リーダーに必要な5カ条」の原点なのです。

今にして思えば、これこそが「強いチーム」を作る最良の道だったのだと感じます。自分に自信がなかったことが、「強いチーム」を作る大きなきっかけだったのです。

自信がなかったからこそ、正直に、助けを求めることができた
自信がなかったからこそ、人の意見に耳を貸すことができた
自信がなかったからこそ、せめて自分にできることを一生懸命にやろうと思えた

私のリーダー人生は、すべてここから始まっています。

悪しき行動習慣が身につくと、後から正すのには大変な労力を要します。また、一度壊れた信頼関係を修復するには、何倍もの多大なエネルギーと歳月が必要です。リーダーとしての一歩を、正しく踏み出していただきたい。そんな想いでいっぱいです。

現在、私は「助け合えば、個人も組織も元気になる」をメインテーマに、業種を問わず、数多くの企業、大学、ビジネススクール、行政機関等で講演やコンサルティングのお手伝いをさせていただいております。これまで1万人を超えるリーダーの方々とお会いし、現場で起こっていること・悩みをお聞きしてきました。この経験も本書執筆の大きな原動力となっています。

リーダーという仕事を楽しもう

最後になりますが、リーダーという仕事は、部下、上司、あるいは会社のトップと力を合わせ、大きな夢やプロジェクトを実現させることができる、大変やりがいのある、面白いポジションです。

せっかくリーダーシップを発揮できる素敵なチャンスを与えていただいたのですから、リーダーという仕事を思いっきり楽しみ、あなたを信じてついてきてくれるメンバーと心を通い合わせ、夢を持って仕事をして欲しいと思います。

本書を読み進めることで、少しでもお力になることがあれば、著者として、これ以上の幸せはありません。

２０１３年　８月

マネジメント ケアリスト　　浅井浩一

はじめてリーダーになる君へ

目次

CONTENTS

第1章

利口になるより、バカになろう

心がまえ

第2章
本気で部下に甘えよう

コミュニケーション

第3章
「一人」との向き合い方を「みんな」が見ている

部下育成

第4章
結果よりも、プロセス（行動）を見る

マネジメント

第5章
正直で、助け合えるチームを作る

チーム作り

◉カバーデザイン／奥定泰之
◉本文デザイン／斎藤 充（クロロス）

第1章

利口になるより、バカになろう

「自分の優秀さ」をアピールしない

リーダーとなったあなたに、まずお伝えしたいのは「自分の優秀さを、むやみにアピールしてはいけない」ということです。

言葉にすると簡単ですが、これができている人はそうそういません。

なぜなら、リーダーになりたての人ほど**「リーダーは、チームの中で一番優秀でなければならない」という呪縛**に囚われているからです。

きっとあなたも、リーダーを任されたその日から「優秀なリーダーになりたい」と思い、部下たちからは「あの人は優秀だよね」と言われたい、そう願っていることでしょう。

そのお気持ち、すごくわかります。誰だって優秀だと思われたいものです。

でも、その「優秀だと思われたい」「優秀でなければならない」という意識は捨てて下さい。むしろその意識が、あなたのリーダーとしてのあり方を大きく狂わせてしまいます。

「はじめに」で述べましたが、私がリーダーとして評価されるようになったのは「アピールすべき優秀さ」を持ち合わせていなかったからです。

リーダーとしてのキャリアはゼロでしたし、営業部に配属されておきながら、営業の経験はまったくない。「みんなに助けてもらうしかない」という状況でした。

このどうしようもない状況が「強いチームを作るリーダー像」を考えるきっかけとなり、「正直で、助け合える組織」の大切さに気づくことができたのです。そしてその結果、チームとしても大きな業績を上げることができました。

とはいえ、リーダーになったばかりの人は「自分が優秀でなければ、部下がついてこない」「優秀でなければ、リーダーでいる資格がない」と不安を感じてしまうものです。

しかし、私の経験から言って、**人というのは優秀な人についていくのではありません。むしろ、自分のことを認め、頼ってくれる人についていきたくなる**ものです。

あなた自身が部下だったときのことを思い出して下さい。

「ものすごく優秀なリーダー（だけどあなたのことを認めてくれないリーダー）」と「あなたのことを優秀だと認め、頼ってくれるリーダー」がいたら、どちらのために本気で働きたいと思いますか。

私なら、迷うことなく後者です。あなたも同じではないでしょうか？

「オレは優秀だ。だから、みんなついてこい！」と言われるより、**「あなたを頼りにしているから、ぜひとも助けて欲しい」と言われたほうが何倍もやる気が出ます。**そんなことを言ってくれるリーダーのためなら、もっとがんばろうという気持ちになるのではないでしょうか。

これが現場の真実なのです。よく覚えておいて下さい。

人は誰でも「優秀でありたい」と思うものですが、リーダーにとって「個人としての優秀さ」とは、実はとても危険な要素でもあるのです。

point

「自分の優秀さ」をアピールする前に、部下を認め、頼りにする

リーダーは、自分の優秀さをアピールしない

× 自分の優秀さをアピールする

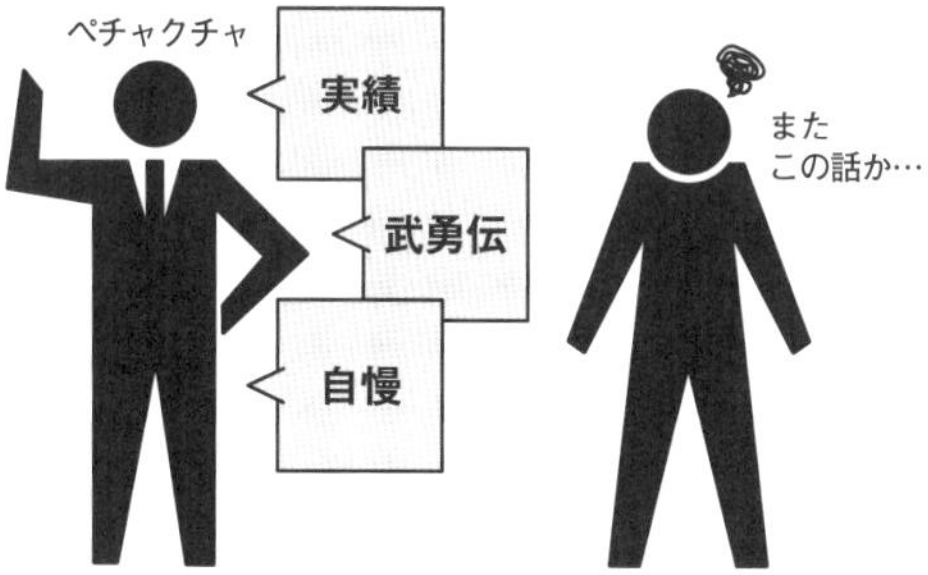
ペチャクチャ
実績
武勇伝
自慢
また
この話か…

➡ **部下の心が離れるだけ**

◎ 部下の優秀さを見つけ、頼る

頼むよ
あなたを
頼りにして
いるから、
助けて欲しい
はい！
がんばります！

➡ **部下がやる気を出し、ついてきてくれる**

リーダーが持つべき「2つの力」

これまで私が出会ってきた中に、こんなリーダーがいました。

彼はプレーヤーとして抜群に優秀だったので、すぐリーダーを任されました。もともと頭は切れますし、言葉に説得力もある。自分の成功体験にも自信を持っていましたから、部下に対して「こうするべきだ」「こうしておけば間違いない」という強い指示を出し、チームをグイグイ引っ張っていくタイプのリーダーでした。

統率力という意味ではとても優れたリーダーです。そして、リーダーになってしばらくは業績も好調でした。

しかし、**どんな業界、チームでも「常に好調であり続ける」のは不可能**です。どんなチームにも好不調の波はあります。その彼のチームも徐々に業績を落としていきました。

そんなときこそ「どうやって盛り返そうか」とメンバーみんなで話し合い、打開策を見つけていかなければなりません。しかし彼のチームには「リーダーの強い指示」以外に武器はありませんでした。彼がリーダーになってから、部下たちは自分の意見を言わなくなり、「こうしよう」「ああしよう」と自分で考えなくなってしまっていたのです。

部下たちにしてみれば、リーダーの存在感は強烈で「余計なことを言っても、論破されるし、怒られる」という印象があり、「言われたことをやっていればいい」という精神状態になっていました。

しかし、ビジネス環境がめまぐるしく変わる世の中では、「一人の考え」「一人の指示」だけで乗りきろうというのは非常に難しい話です。業績好調なときはいいでしょうが、ちょっと不振に陥ると、途端にチームが停滞し、「この人についていって大丈夫かな？」という空気が流れ出します。

彼のチームにも同じような空気が流れ、チームのパフォーマンスは見る見る落ちていきました。結局、この「個人として優秀」だった彼は、リーダーを降ろされ、別の部署に配属されることになったのです。

それでも彼は、最後まで自分自身の問題を認識することはありませんでした。業績不振でリーダーを交代させられたというのに、「自分に問題があった」とは思わず、「自分は優秀なのに、部下がそれについてこなかった」と、最後まで思っていたようです。

私が知る限り、「個人として優秀なリーダー」ほど、この問題になかなか気づくことができません。「個人としての優秀さ」とは、そんな怖さをはらんでいるものなのです。

極端な言い方をすれば、**「あのリーダーは、ちょっと頼りないよね」「そこまで能力が高くないよね」と言われても、メンバー全員がやる気を出し、成長し、能力をどんどん発揮するなら、それですべてOK**です。

今すぐ「自分がどう見られているか」という意識を捨てて下さい。大切なのは、「どう見られるかではなく、どこに向かうか」なのです。

これこそが、「リーダーとしての優秀さ」を支える根っこになります。繰り返しますが、優秀さを発揮するのは、あなたではなく、チームのメンバーです。

> **point**
>
> **部下をやる気にさせ、成長させることが、リーダーの仕事**

リーダーが持つべき「2つの力」

1 メンバー全員がやる気を出す

2 メンバー全員が成長し、能力を発揮する

**「プレーヤーとしての優秀さ」とは、
まったく別物だということを理解する**

利口になるより、バカになろう

私の母はよく「利口になるより、バカになれ」と言っていました。

もちろん、母は「リーダー論」を教えようとしていたわけではありませんが、私はリーダーとなってから、何度となくこの言葉を思い出すようになりました。

リーダーとしての優秀さを見せつけようとするあまり、利口になろうとすれば、どうしても傲慢になり、周囲から反感を買う。人間関係は悪化し、みんなからの協力も得られない。結果、チームのパフォーマンスも落ちてしまいます。

一方、自分がバカになれば、まわりの人が助けてくれ、いろんなことを教えてくれるようになります。さらに、バカな私をカバーしようと、みんながんばってくれる。そして何より、みんなが笑顔でいてくれます。

私は本書で「リーダーとしての自信がなかった」「能力がなかった」と繰り返し述べていますが、そんな私にも、**自分の優秀さを見せつけ、利口になろうとしたことで大失敗をした、忘れられない経験**があります。

これは、私がある県の支店長だったころの話です。組織の構成を簡単に説明しますと、支店長（私）の下にいくつかの営業所があって、そこにそれぞれ営業所長が一人ずついます。その営業所長の下に数名の営業部員がいるという組織です。

あるとき、私が自転車で県内の販売店をまわっていたところ、ある販売店の前で外国たばこがずらりと並んでいる光景が目に入ってきました。

当時、私が支店長だった県では、多くの営業部員が精力的にがんばってくれていたので、JTのたばこが奥に押しやられ、外国たばこが前面にずらりと並んでいるなんてことは滅多にありませんでした。

だから私は、店頭の一番目立つところに外国たばこが並んでいるのを見て、一気に頭に血が上ってしまいました。**「いったいどういうことだ！」「この販売店の担当営業は何を**

やっているんだ！」と瞬時に思ってしまったのです。

そこで私は、すぐさまその販売店のオーナーにあいさつすることにしました。

「支店長の浅井と申します。いつも弊社の営業部員がお世話になっております」という型通りのあいさつから始まって、どうにかお店の目立つところにＪＴのたばこを並べてもらえるよう、直接交渉したのです。

すると、そのオーナーは快く私の申し出を受け入れてくれました。支店長の名刺を渡したのが良かったのか、あっさりとＪＴのたばこを前に並べてくれたのです。

私は満足して、商品の並べ替えが終わった店頭の写真を1枚撮影し、オーナーにお礼を言ってから、そのエリアを管轄している営業所へと向かいました。

営業所へ行ってみると、その販売店の担当者（20代の女性社員）は外出していて不在でした。そのころには私の怒りも収まっていたので、仮にその営業部員がいたとしても、叱りつけようなんて気は毛頭ありませんでした。店頭の写真と、オーナーにお願いして並べ替えてもらったというメモ書きを担当者の机に置き、私は営業所を後にしました。

そのときの私の心情としては**「自分はリーダーとして、当たり前の、正しい行動をした」**

というものでした。現場は改善できたわけですし、叱りつけるようなこともしなかった。リーダーとして適切な振る舞いをしたと、私は思っていました。

ところがそれから数時間後、その担当営業部員の直属の上司から私のところに電話がかかってきました。そして、彼は開口一番「支店長、いったいなんてことをしてくれたんですか！」と言ったのです。彼の声からは、怒りを通り越して、ちょっと涙ぐんでいるような、そんな鬼気迫る雰囲気が伝わってきます。

私は訳がわからず、「いったい何があったのか？」と詳しく事情を聞いてみると、その若い女性の担当者はこれまで半年以上かけて、その店のオーナーと地道な交渉をずっと続けていたというのです。**足繁く販売店に通い、店長のクレームを聞いたり、店の掃除をするなど、大変な苦労を重ねていた**ということを、私はそこで聞かされました。

さらに聞けば、その販売店のオーナーは過去にＪＴの担当者とトラブルがあったらしく、新商品のとり扱いや商品の並べ替えをお願いしても、まるでとり合ってくれなかったと言います。そんな相手に対して繰り返し礼を尽くし、信頼関係を築き、「あと一歩で、こちらのお願いを聞き入れてくれるかもしれない」というところまでその女性担当者はこぎ着けていたのです。

そんな苦労といきさつがあったことなどまったく知らず、私は偉そうに支店長の名刺を出し、自分勝手に事を進めてしまったのです。

さらに、そんな彼女の苦労を踏みにじるかのように、撮った写真をこれ見よがしに、机の上に置いてしまったのです。

私は、電話をしてくれた彼女の上司に「本当に申し訳なかった」と彼女に伝えるように言い、その後すぐに彼女自身にも平謝りしました。そして後日、彼女ががんばっている姿を思い浮かべながら、がんばりをたたえるメッセージを書きました。

本当に、一生忘れることのできない大失態でした。

ただ、その中でせめてもの救いだったのが、彼女の上司の行動です。普段から彼女のがんばりをきちんと把握し、評価していたこと。さらには、彼にとっての上司である私に向かって「いったい、なんてことをしてくれたんですか！」と厳しく叱責してくれたこと。

もし、その**風通しの良さがなければ、私は真実を知ることもなく、「リーダーとして正**

しいことをした」と、いい気になっているだけで、彼女にお詫びをすることすらできなかったでしょう。

その後、彼女はいっそう仕事に精を出すようになり、出世をして、より大きなポジションで能力を発揮しています。その話を聞いて、私は心からホッとしていますし、いつも陰ながら彼女を応援しています。

この出来事から何年か経った後、私は彼女と偶然会ったのですが、なんとそのとき「あのときもらった支店長のメッセージ、今でもお守りにして、肌身離さず持ってますよ」と、彼女は私に見せてくれました。私は涙が出るほど感激し、同時に「なんてことをしてくれたんですか！」と私を叱責してくれた彼女の上司に対して、改めて感謝しました。

この彼女との一件は、リーダーとしてのおごり、油断があった私に、大切なことを思い出させてくれた出来事として、一生忘れることはできないでしょう。

point

かっこつけて、無理な背伸びをしていませんか？

「この人のためなら」と思われるリーダーの習慣

リーダーの心がまえとして大切なものに「自分にできることをやる」というものがあります。ごく当たり前の話ですが、この意識を忘れてしまっている人がたくさんいます。

リーダーになった瞬間に、突然偉くなったと勘違いして、大層なマネジメントをしようとするのもその一例。あるいは「リーダーたるもの的確な指示を出さなければならない」「部下の育成をしなければならない」と考え過ぎて、空まわりする人も大勢います。

確かに、リーダーにはリーダーの役割があり、なすべき仕事があります。言うまでもなく、部下の育成は大事です。

しかし、実際にその能力や経験がなければ、的確な指示を出したり、部下の育成などできるはずがありません。**リーダーとしての経験が少なければ、できることが限られているのは当たり前。**まずは、その「リーダーとして何もできない自分」を受け入れることが大切です。

すでに述べたように、私がはじめてリーダーになったときには、リーダーらしいことは何ひとつできませんでした。

私がはじめてリーダーになったのは、JTの三原営業所（広島県）の営業所長という役職です。当時私は38歳でしたが、それまでは工場勤務や本社の総務部で働いていたので、営業に関してはまったくの素人。そんな素人がいきなり営業所長として配属されたのです。

そもそも、JTの営業というのはコンビニエンスストアやドラッグストア、たばこ販売店に自社の銘柄をとり扱ってもらい、たくさん売ってもらうのが仕事です。

当然、営業部員たちは、それぞれの販売店と独自の関係性を築いています。その関係を軸に、新商品を扱ってもらったり、自動販売機にJTの商品を1つでも多く入れてもらったり、ノベルティグッズをつけたキャンペーンを展開するなど、さまざまな活動をしているわけです。

しかし、素人営業所長である私は何をすればいいのかまったくわかりませんでした。

ベテランの営業部員たちにしてみれば「こんな素人の若造所長に、いったい何ができる

んだ」という思いも強かったでしょう。

事実、私が着任した2日目には、「はじめに」でもご紹介しましたが、「いったい、何をお願いされてるんですかね」という厳しい言葉が待っていました。

私にしてみれば、「何も知らない営業所長なので、迷惑をかけることもありますが、一緒にがんばっていきましょう」という思いを伝えたかっただけです。

しかし、部下たちにしてみれば「若造に何がわかるんだ」「素人に、営業所長が務まるわけがない」という気持ちが渦巻いていたのでしょう。

もしあのとき、私が背伸びをして偉そうなことを言ったり、訳知り顔で指示・命令を発していたら、部下たちとの信頼関係を築くどころか、まるで相手にされなかったに違いありません。だからこそ、私は「自分にできることで、ちょっとでも営業部員の役に立つことはないだろうか」と思いを巡らせたのです。

そうやって考えた挙げ句、私にできることと言えば、**自転車でエリア内の販売店をまわり、「いつもお世話になっております」とあいさつをする**ことでした。そんなあいさつまわりが直接の売上アップにつながらないことは百も承知でしたが、それくらいしか思いつかなかったのです。

それしかできないなら、それを一生懸命やるしかない。

販売店の店主に会って「いつも○○がお世話になっております。何か困ったことがあったら、いつでもご連絡下さい」と言って顔を覚えてもらう。あるいは、自動販売機を拭いて、ちょっとでも商品を見やすくする。

そんなことを私は何カ月も続けました。まさに、**「自分にできること」を、ただ必死にやっていただけ**です。でも、そんな姿をチームのメンバーたちは必ず見てくれています。

最初は「素人にいったい何ができるんだ」という冷ややかな視線だったのが、段々と「この人は、自分たちと一緒に汗をかいてくれる人だ」と思ってもらえるようになり、「この所長のためなら、がんばってみよう」という気になってくれたのです。

point
大層なマネジメントをする前に、部下と一緒に汗をかく

部下が見ているのは、能力ではなく「仕事への姿勢」

リーダーになった人（特にリーダー経験の少ない人）に強く言いたいのは、「リーダーだから、ああしよう、こうしよう」とか「リーダーはこうあるべき」と頭でっかちになる前に、まず「自分には何ができるか」を冷静に考えて欲しいということです。

それが結果として、誰にでもできる簡単なこと、たとえば「あいさつまわり」であったり、「自動販売機を拭く」といった作業でもまったく構いません。それが自分にできる精いっぱいのことだとしたら、それを懸命にやればいいのです。

そもそも部下というのは、リーダーの手腕やマネジメント能力だけを見ているのではありません。その部分もないがしろにはできませんが、むしろ「仕事への姿勢」や「人間性」を見ています。

逆に、リーダーとして一番良くないのは、現場を離れ、マネジメントと称してデータ管理に終始することです。「管理するのが自分の仕事」と勝手に決めて、データをあれこれ分析し、指示や命令を出すだけのリーダーに、あなたはついていきたいと思いますか？

それなら、どれほど意味があるかはわからなくても、**販売店をまわり、汗を流しながら「よろしくお願いします」と頭を下げるリーダーと一緒に働きたい**。私ならそう思います。

できないことを、あたかもできる振りをして虚勢を張ったり、部下を管理しようとするのはやめて下さい。できないことはできないと認め、自分にできることに真摯《しんし》にとり組む正直なリーダーになって下さい。ここを部下は見ているのです。

リーダーにとって（まして、はじめてのリーダーにとって）不可欠なのは、優れたマネジメント能力ではありません。本当に必要なのは、自分にできないことは「できない」と認める正直さであり、自分ができることに関しては、必死にとり組むひたむきさです。

この当たり前にして、なかなか実践できないことを、決して忘れないで下さい。

point

リーダーに必要なのは「正直さ」や「ひたむきさ」

「自分より優秀な部下」とどう向き合うか

リーダーから寄せられる不安、悩みの中に「自分より優秀な部下との向き合い方がわからない」というものがあります。

その部下が個人として成績優秀なのはもちろん、チーム内での信頼も厚く、まるでリーダーのような存在感を示している。

そんな状況に悩んでいるリーダーはたくさんいます。こんな状況のとき、多くのリーダーは「どうしたら、自分の存在感を示せるだろう」「どう振る舞えば、リーダーらしくなれるのだろう」と思い、悩んでしまうわけです。

ここでまず伝えておきたいのは、繰り返しになりますが、「リーダーは優秀でなければならない」という思い込みを捨てること。すでに述べた通り、リーダーというのは一番優秀な存在でなくても、まったく構いません。

リーダー5つのルール
5 rules of the leader

1 心がまえ
2 コミュニケーション
3 部下育成
4 マネジメント
5 チーム作り

もし、部下に優秀な人がいるのなら、その人に優秀さを遺憾なく発揮してもらうことが、チームにとって一番大切なことです。リーダーはそのサポートをすればいいのです。間違っても、優秀な部下と張り合うような真似だけはしないで下さい。

優秀な部下がいるなら「何か、サポートすることはない？」と素直に聞いて、優秀な部下がさらに活躍できるように、あなたが助けてあげればいいのです。そんなあなたの姿を、上司は必ず見ています。そして、**リーダーであるあなたが率先することで、その姿勢は、必ずチーム全体に広まっていきます**。

これこそが、助け合える組織作りの第一歩なのです。

言うまでもなく、リーダー自身も「助け合える組織」の一員です。自分にできることは精いっぱいやるし、できないことは部下に頼る。部下ががんばっているなら徹底的にサポートをする。こんなシンプルな発想を持てばいいのだと思います。

point
優秀な部下がいたら、さらに優秀さを発揮できるようサポートする

上司（会社）から評価されるリーダー像とは？

前項目でお話しした「優秀な部下と張り合ってしまう」というテーマに関連して、リーダーが上司に対して、どのような報告をするかというのも大事なポイントです。

たとえば、Aという優秀な部下が業績を上げて、チーム全体の業績もアップしたとしましょう。この場合、あなたはリーダーとしてどのように上司に報告するでしょうか。

私が知る限り、**優秀なリーダー（あるいは後に、成長していくリーダー）ほど、部下の功績を上の上司に伝えようとします**。「Aくんががんばってくれたから、ここまで数字を上げることができました」「Bさんのアイデアがなければ、これほどの結果は出せませんでした」というように部下の活躍をアピールするのです。

部下が喜ぶのはもちろんのこと、こうした「リーダーとしての姿勢」は、上司からも必ず評価されます。

ところが世の中には、業績がいいときは何も報告しないのに、業績が落ちてきたときだけ「部下のCさんが思うような働きをしてくれなくて……」「いくら教えても、なかなか成長してくれないものですから……」と部下のせいにする人がいます。

このタイプは本当にたくさんいますし、私も大勢見てきました。リーダーといえども組織の人間ですから、保身の気持ちが出てくるのはよくわかります。しかし、「ハシゴを外された」と、一度でも部下が思ってしまったら、二度とあなたは信用されません。

私がこれまでかかわってきたリーダーの中にも「業績不振は部下のせい」というタイプがたくさんいて、そういう人たちほど「上司への報告」（あるいは、言い訳）が巧みです。そして、絶妙な表現で「自分はがんばっているが、部下にはいささか問題がある」というニュアンスを盛り込みます。

その絶妙な報告術が仮に上司に通用しても、部下には通用しません。**部下というのは、リーダーの言動、覚悟、人間性を日々見ています**から、とり繕おうと思ってもなかなかうまくいかないのです。
結局、このタイプのリーダーたちは、部下からの信頼を得られません。**部下が成長せず、部下が本気で仕事にとり組まないので、チームとしての業績は下がり、リーダーとしての評価も落としていきます。**そして結局は、上司や会社サイドからも「リーダー失格」の烙印を押されてしまいます。

繰り返しますが、リーダーの仕事とは「部下の優秀さを発揮させること」です。部下と張り合ったり、部下の功績を横どりしたり、業績不振を部下のせいにするようでは、部下が前向きに仕事をするはずがありません。
逆に、部下の活躍を少し大げさなくらいにアピールしていけば、部下も嬉しくなり、あなたのことを信頼するようになります。本物のリーダーを目指すのであれば、むしろ積極的に「どうしたら部下が気持ちよく、能力を発揮できるか」を考えましょう。

point

優秀なリーダーほど、部下の活躍を上司に伝える

リーダーとしてのあるべきスタンス

1 チームの業績がいいとき

部下の
Aくんの
おかげです
部下思いの
いいリーダー
だな
上司

➔ 上司から評価され、部下からも感謝される

---

2 チームの業績が悪いとき

私の
力不足です。
これから
挽回します
リーダーの
役割を
わかって
いるな
上司

➔ リーダーとしての覚悟を見せることで、上司・部下から信頼される

【実話】エリート営業マンを襲った悲劇

「部下には優秀さをどんどん発揮してもらえばいい」という話をしましたが、ここではその「優秀さ」という点について、つけ加えておきたいことがあります。

それは「何をもって優秀とするのか」という部分。これを明確にしておかないと、チームはガタガタになってしまいます。

一般的には「素晴らしい業績を出す人＝優秀」だと思われがちですが、私の経験から言って**「素晴らしい業績＝優秀」というのは、とても危険な解釈**です。

以前、私のセミナーに参加してくれた人からこんな話を聞きました。

その人の会社はいわゆる営業会社で、いろんな会社、オフィスに対して「システム」を販売するのが主な業務です。会計ソフト、人事システムなどを販売する会社だと考えて下さい。

その会社のある営業チームに、Kさんという非常に優れた営業マンがいたそうです。Kさんの業績は群を抜いていて、社内でも一目置かれていますし、当然上司からの信頼も厚く、高く評価されていました。

しかし、どんなに優秀な人でも、圧倒的な業績を、安定して出し続けるのは容易ではありません。仕事には波があり、良いときもあれば悪いときもあります。

もちろんKさんも例外ではなく、ある時期から少しずつ業績が落ちてきました。

とはいえ、自他共に認める「優秀者」であるKさんにとって、業績の落ち込みは許されません。**「自分は常に成績優秀でなければならない」というプレッシャー**もあったのでしょう。あるときから、彼は他の営業部員のテリトリーを荒らしてまで、自身の業績を維持するようになったといいます。

自身の業績のためには手段を選ばないというわけです。

ところが、そんな実情を知らないチームのリーダーは、依然として高い業績を出し続けるKさんを評価し、「みんなも真似するように」と言い続けました。

けれども、そんな歪んだ状況がいつまでも放置されるわけはありません。ついに他の営業部員から不満が噴出し、「テリトリー荒らし」の問題が露呈してしまったのです。「テリトリー荒らし」を糾弾され、業績維持の術を失ってしまったKさんは、見る見る業績を落としていきました。結局はそのチームでの居場所もなくなり、別の部署へと異動していったそうです。

私はこの顛末を聞いたとき、**「リーダーは、なぜKさんの業績しか評価できなかったのか?」「Kさんの行動や努力を、どうして評価できなかったのか」**と強く思いました。これはKさん個人の問題でなく、リーダーの責任だと私には思えてならなかったのです。

もし、業績だけを見て「優秀だ」「劣っている」と判断するなら、そのチームは「業績だけを追い求める」ギスギスしたグループになります。

私の経験上、業績だけを追い求めるチーム（個人）は、一時的には成果を上げても、継続的に結果を出すことはできません。競争というプレッシャーだけで、人はそこまでがんばれるものではないからです。

もし、Kさんのような優秀なプレーヤーがいるなら、何よりもまず「Kさんのどんなところが素晴らしいのか」「どこを真似するべきなのか」「何をサポートするべきなのか」をみんなで話し合い、共有しなければなりません。あるいは、リーダーがKさんに対して「君は、どうしてそんなに素晴らしい業績を叩き出せるのか？」「ぜひとも、その方法、コツをみんなに教えてやってくれないか」と話すべきだったと私は思います。

こうしたとり組みが、強いチームを作っていくのです（この具体的な方法論については、4章でお伝えいたします）。

彼が高い業績を叩き出すのは確かに素晴らしい。でも、本当に評価すべきは、その行動、アイデア、努力、やる気であったはずです。

リーダーとなったのなら、ぜひこの部分を慎重に見極めて欲しいと私は思います。

自分のノウハウを周囲にシェアできるのも優秀さですし、チームのメンバーが困っているときに、率先してサポートできるのも紛れもなく優秀さです。

point

「素晴らしい業績＝優秀」という発想を捨てる

「高業績＝優秀」という解釈の危険性

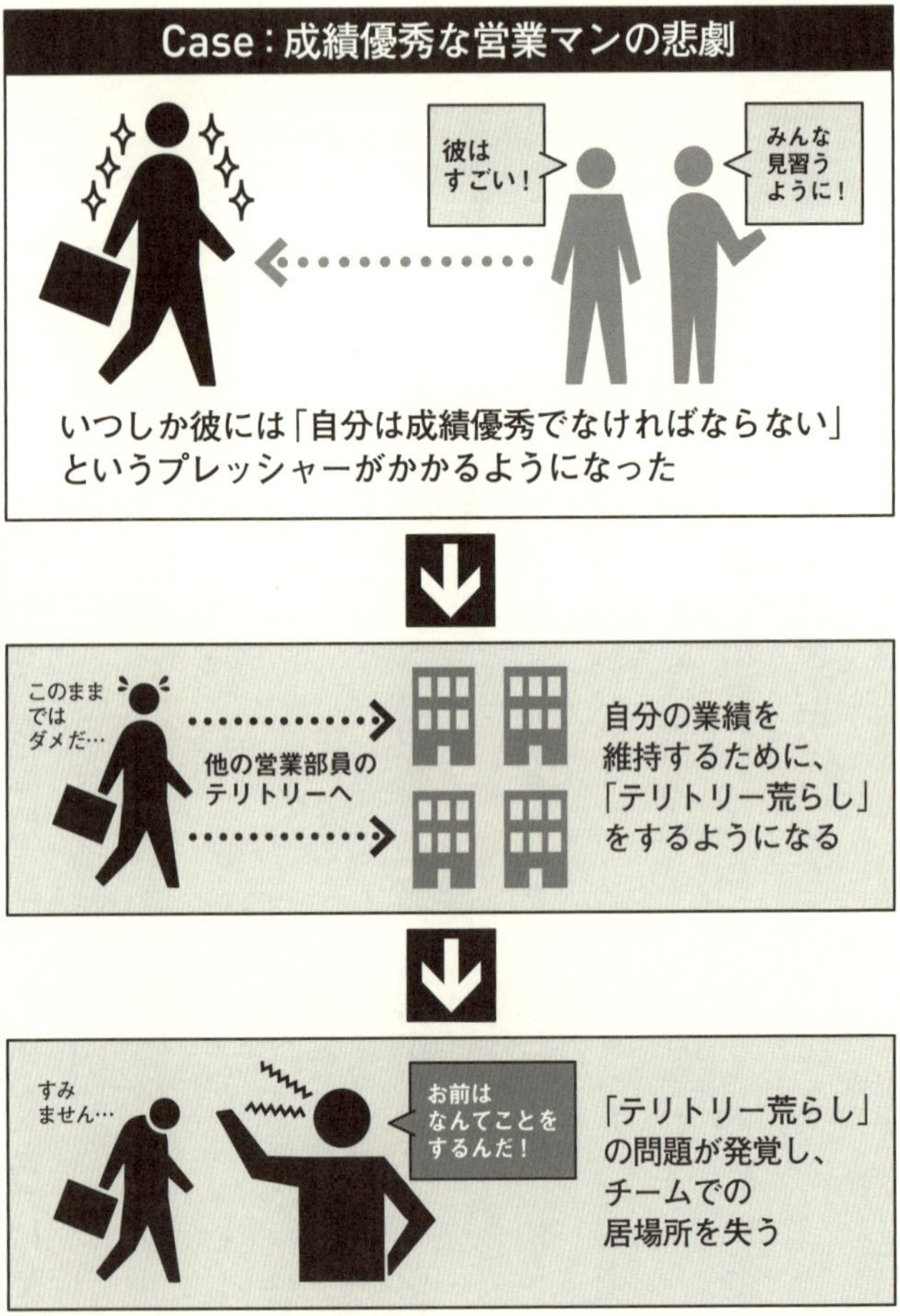

Case：成績優秀な営業マンの悲劇
彼は すごい！
みんな 見習う ように！
いつしか彼には「自分は成績優秀でなければならない」というプレッシャーがかかるようになった
このままでは ダメだ…
他の営業部員の テリトリーへ
自分の業績を 維持するために、「テリトリー荒らし」をするようになる
すみ ません…
お前は なんてことを するんだ！
「テリトリー荒らし」の問題が発覚し、チームでの 居場所を失う

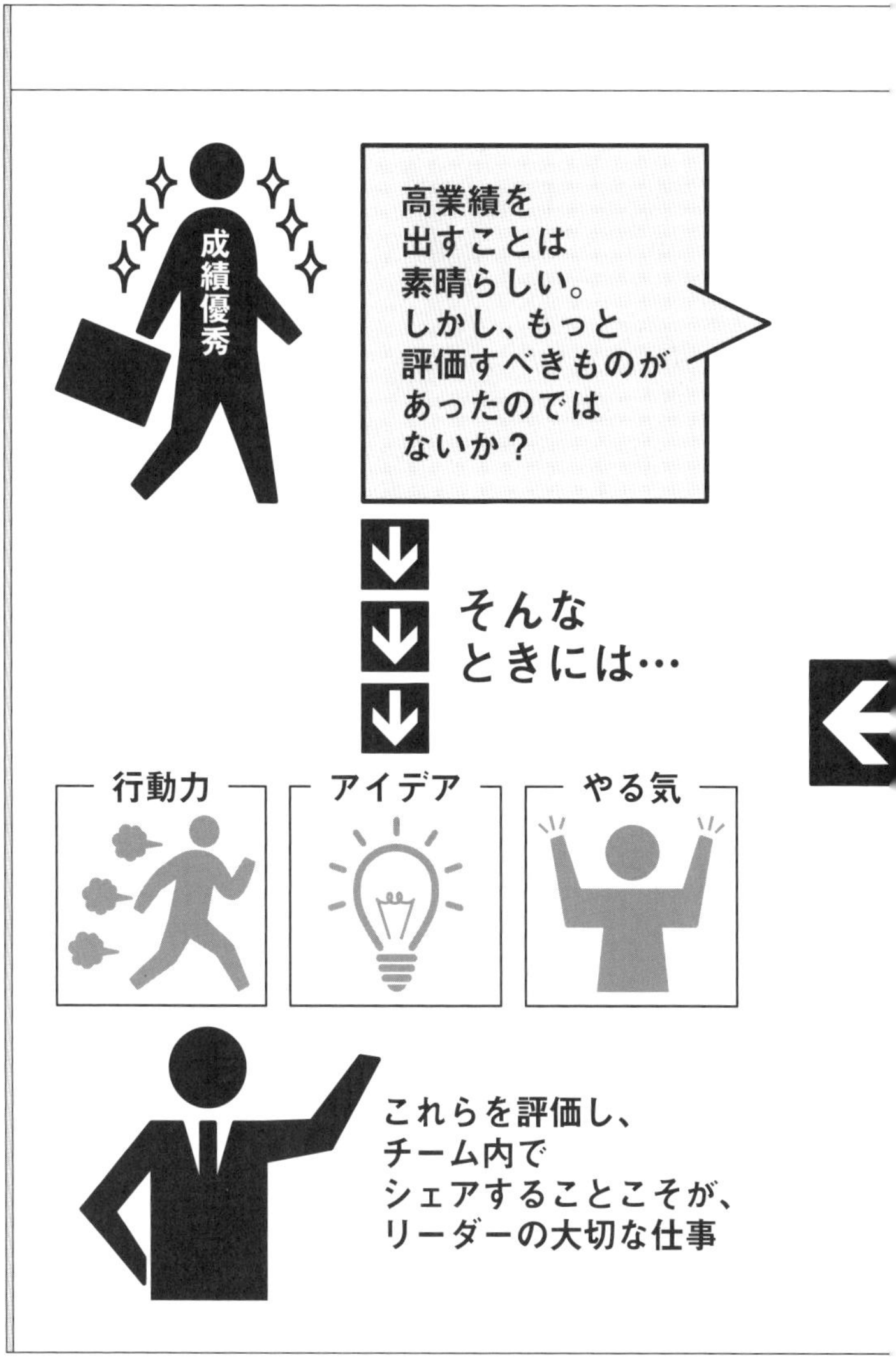
成績優秀
高業績を
出すことは
素晴らしい。
しかし、もっと
評価すべきものが
あったのでは
ないか？
そんな
ときには…
行動力
アイデア
やる気
これらを評価し、
チーム内で
シェアすることこそが、
リーダーの大切な仕事

思うような結果が出なくても、焦らない

あなたはリーダーとして、熱意を持って部下に接し、チームの業績を上げたいと心から思っていることでしょう。その思いは本当に素晴らしいものです。

しかし、現実はそこまで簡単ではありません。「能力」や「経験」とは別の次元で、そもそも世の中とは、そうそううまくいくものではないからです。まずはこの前提を持って欲しいと思います。

たとえば、あなたはリーダーとなって「自分はこんなふうにやっていきたい」「こんなチームを作りたい」「こんなことを大事にしたい」という思いをメンバーに伝えるかもしれません。自分の利益だけでなく、心からチームのこと、メンバー一人ひとりのことを考え、発信しているにもかかわらず、誰もあなたの思いを理解してくれない。

そんなとき、あなたは「なんで、わかってくれないんだろう……」と思い悩むでしょう。

しかし、それが当たり前なのです。ものごとは思い通りになかなか運びません。厳しいことを言っているようですが、実は**「ものごとは思い通りにいかない」という考え方は、リーダー自身を守るためにあるもの**です。

自分が伝えようとした思いは部下に伝わって欲しい。その思いが強すぎるばかりに「なぜ伝わらないいんだ」と相手を責めたくなったり、「自分にはリーダーの素質がないのか」と結論を急ぎすぎてしまいます。

でも、それはすべて違います。そもそも時間がかかるものなのです。さらに言えば、どんなに真摯に相手と向き合い、多大な時間をかけたって、あなたがリーダーとして部下たちとかかわっている1~2年のうちに目立った変化が訪れないことだってあります。あなたはリーダーとして苦しむでしょうし、「なんでうまくいかないんだ」と悩むでしょう。でも、それが当たり前なのです。焦る必要などありません。

point
「ものごとは思い通りにいくものではない」と考えておく

困ったことがあったら、正直に弱みを見せる

多くのリーダーが犯してしまう間違いの1つに、「自分一人で問題を抱えてしまう」というものがあります。

これこそ、まさに第2章の「部下に甘える」という内容につながっていくのですが、どんなに状況がうまくいかなくても、あなたは決して一人ではありません。

よく「リーダーは孤独なものだ」と言われますが、それは違うと私は思います。何か問題があるなら、すべてをさらけ出して部下に相談すればいいのです。

何よりもまず、リーダー自身が正直になることが肝心です。**リーダーが正直に弱みをさらけ出さなければ、組織が正直になることは絶対にありません**。そうやってお互いが正直になって初めて、関係の質が上がっていくのです。

過去、私とかかわった人の中に「とにかく業績を上げなければいけない」という強い思

いでチームと向き合っているTくんというリーダーがいました。

彼の名誉のために言っておくと、何も彼は「自分の評価のため」とか「会社から認められたい」という思いだけで業績アップを意識していたわけではありません。業績を上げることがリーダーの役割であり、責任だと、彼は心から思っていたのです。

しかし、**部下の目には「業績のことしか頭にないリーダー」としか映りません**。

事実、彼は部下から報告を受けたり、さまざまな話を聞くときに、一見すると親身に聞いているように見えて、実は業績のことしか頭にないような、そんな印象を与えるタイプでした。部下からの相談にも「T所長は話を聞いているようで、しっかり聞いてくれない」「業績ばかりを意識していて、自分たちの提案を受け入れてくれない」などの声が多数上がってきました。

しかし、当のTくんは「みんなが自分の思いをわかってくれない」「リーダーとは孤独だ」といつも悩んでいたのです。

そこで私はTくんに「リーダーが孤独なんじゃなくて、君が自分から孤独なほう、孤独なほうへ突き進んでいるんじゃないか？　君の思いをみんながわかってくれていないのは事実だろうけど、君はみんなの思いがわかっているのか？」と聞いてみました。

するとTくんは「そうか、僕のほうがみんなの思いをわかっていなかったんですね」と言い、ボロボロ涙を流していました。

それからTくんは部下の話を本気で聞くようになり、そうなると、今度は部下たちのほうもリーダーの思いに耳を傾けてくれるようになっていったのです。そうやって、少しずつ、少しずつ関係は改善していきました。


リーダーの感じる孤独というのは、実は「背負わなくてもいい孤独」を自ら背負ってしまっているのだと私は思っています。お互いが正直になれないばかりに、生まれている孤独だからです。

もしあなたが「リーダーは孤独だ」と感じることがあったなら、「そういうものだ」とあきらめてしまう前に、コミュニケーションのとり方を見直すべきだと私は考えます。

立場が孤独を生んでいるのではなく、あなたのコミュニケーションスタイルが孤独を生んでいるのです。

私はさまざまなところで「部下との関係の質を高めることが、チーム作りの第一歩」と述べています。リーダーの5カ条に「自分の優秀さをアピールしない」「自分にできることは懸命にやる」という項目を入れたのも、部下たちとの信頼関係を築くためです。

もちろん、この「関係の質を高める」ということだって、なかなかうまくはいかないこともあります。

だからこそ、忍耐強くとり組めるリーダーが必要とされているわけです。あきらめずに、**リーダー自身がバカになり、正直になり、笑顔を作って、明るく声をかけ続けていくことが大切**なのです。

もちろん時間はかかります。嫌な顔をする部下、冷ややかな視線を向けてくる部下だっているでしょう。それでもリーダーは自分から心を開く。心を開き続けて、粘り強く関係を築く。すべてはそこから始まるのです。

point
どんなときも自分一人で問題を抱えこまない、悩まない

Chapter 1_SUMMARY

第1章 まとめ

利口になるより、バカになろう

1 「自分の優秀さ」をアピールする前に、「部下の優秀さ」を見つけて頼る

2 リーダーの仕事とは、部下をやる気にさせ、成長させること

3 利口ぶらず、リーダーがバカになれば、部下が助けてくれるようになる

4
自信が持てないときほど、自分にできることを一生懸命やる

5
部下が見ているのは、リーダーの能力ではなく、「人間性」

6
優秀なリーダーほど、部下の活躍を上司にアピールする

7
業績だけではなく、部下の行動、努力、やる気を評価する

8
自分一人で問題を抱えず、正直に弱みを見せる

第2章

本気で部下に甘えよう

できるリーダーは、「甘え上手」

上司と部下のコミュニケーションの肝は「上司が部下に甘えること」。これに尽きると私は考えています。「甘える」というと、若干の誤解を生むかもしれませんが、要は、上司が部下を頼るということです。

上司というのは「何でもオレに相談しろ」「どんどん私を頼ってくれ」というスタンスをとりがちです。

しかし、自分が部下だったときのことを思い出してみて下さい。

「何でもオレに相談しろ」と上司に言われて、「そうか、○○さんを頼っていいのか」と素直に受けとり、すぐさま相談に行っていましたか？

そんなことをする人はまずいません。「自分の不甲斐なさを知られたくない」という保身や、なるべく上司に迷惑をかけたくないという遠慮が働くからです。

「部下から頼られたい」と思うなら、まずは「上司が部下に甘える」べきです。**上司が部下を信頼し、甘え、頼るからこそ、いずれは部下も上司を素直に頼ってくれるようになります**。この順番を忘れないで下さい。

事実、私はどんなことでも部下に相談し、頼り、甘えていました。

たとえば私が支店長時代、支店長会議に出るといろんな資料を渡されて、さまざまな指示や方針を聞いて、自分の支店に帰ってきます。当然その内容を部下たちに説明するわけですが、その際「支店長、ここはどういう意味ですか？」と部下に質問されることがあります。

その質問にすんなり答えられるときはいいのですが、困ったことに、質問に答えられないことも多々ありました。

もちろん、私だって支店長会議で不真面目に聞いていたわけではありません。私なりに真面目に、真剣に聞いてきたつもりでも、やはり理解が不十分なときもあり、私には思いつかないような鋭い指摘を部下からされたこともあります。

そんなとき、私は迷わず「あっ、ごめん。それはよくわからない。みんなはどう思う?」と部下に聞いてしまいます。

会議に出席した上司が「わからない」なんて言っていいのか、と多くの人は思うかもしれませんが、わからないものはわからないのです。

第1章でも述べたように、自分の優秀さをアピールすべく、無理にわかったような振りをしても仕方ありませんし、「自分にできることをやる」という原則にも反します。

だから、**わからないときは「それってどういうことかな?」と正直に言って、「みんなはどう思う?」と部下に甘えてしまいます。**

すると、部下たちは私が持ち帰った資料を吟味しながら「これは、こういうことじゃないですか?」「つまり、この方針で行くべき、ってことですかね」と活発に意見を交換し始めます。もともとはリーダー主導の報告会だったはずが、部下を中心とした自由なミーティングへと変化していきました。

実は、この空気感がとても大切なのです。

もし**優秀な上司が一方的に説明し、指示・命令を出すだけだとしたら、部下たちの声は**

一切上がってきません。部下たちは、とりあえずわかったような顔をして、それでおしまいです。しかし、実際には上司の話を聞き、上層部の会議内容を説明されたからといって、すぐに理解し、行動できるわけではありません。

部下たちには部下たちなりの考え、意見、事情があって、「リーダーの言ってることがよくわからないな」とか「現場としては、正直きついんだよな……」などの思いが、必ず腹の底にあります。

そんな思いを封印したまま上司の言葉を聞いたとしても、結局は指示・命令がなかなか実行されません。上司は上司で「何で、実行しないんだ！」と怒鳴り散らし、ますます溝が深まっていく。

すべては最初のコミュニケーション不全から起こっている問題なのです。

point

どんなことでも部下に相談し、頼り、甘えていく

部下の本音を聞き出すたった1つの方法

「部下の意見を聞くことが大事」

そう言うと、多くの上司が「私は部下の意見をしっかり聞くようにしています」と言います。

しかし、よくよく聞いてみると「意見があったら、何でも遠慮せずに言ってくれ」というタイプのコミュニケーションがほとんどです。

こうした方法はあまり意味がないと私は思っています。なぜなら、**上司から「遠慮しなくていい。どんどん本音を言って欲しい」と言われて、本当に遠慮しない部下はまずいないからです。**

そのくらいフランクで、自由な雰囲気と信頼関係ができているなら素晴らしいのですが、多くの場合、部下の本音というのは厚いベールに覆われて、なかなか表に出てきません。やはり部下にとって、上司との心理的な距離は相当なものがあるからです。

この距離を埋めるためには、先ほどの項目でもお伝えしたように「上司が先に甘え、頼るアプローチ」が効果的です。

具体的には**「言いたいことを言え」ではなく「わからないから教えて欲しい」というスタンス**をとって下さい。

まずはこの言い方で、部下にとって、「自分の考えを言いやすい雰囲気・環境」を、あなた自身の手で作って欲しいのです。

上司自らが「わからないから、教えてくれる?」「これって、いったいどういうことだろう?」と部下に問いかければ、部下は自然に考えるようになり、自分がわからないところについては「これは、僕もちょっとわかりませんね……」と正直に言うようになる。

そうやって上司が先に弱みを見せるからこそ、少しずつ、少しずつ、「部下の本音が出てきやすい雰囲気・環境」が醸成されていくのです。

私の場合、部下たちから質問を受けて、わからない部分が出てきたら、その場で本社に電話をして答えを聞くようにしていました。

「昨日の支店長会議の件なんですけど、この部分がよくわからないので、教えてもらえませんか？」と素直に聞く。それも部下の目の前でやることがポイントです。

そうやって「わからないことは正直に聞く、教えてもらう」という姿勢を上司自らが示すことで、その空気、文化が徐々に浸透していきます。

もしあなたが、**「部下がなかなか本音を話してくれない……」と悩んでいるとしたら、まずはあなた自身が、正直になり、徹底して部下に頼ってみましょう。** わからないことは、その場で、遠慮なく、誰にでも聞く。

その姿勢を示し続けることで、ようやく、部下もあなたに本音を話してくれるようになります。

point

「わからないから教えて欲しい」で、部下も本音が言いやすくなる

チームの雰囲気は、このひと言で変わる

ここが
わからないから
教えて欲しい

メリット

1 リーダーが弱みを見せることで、部下も本音を出しやすくなる

本音
本音

2 「わからないことは正直に聞く」という文化が生まれ、チーム内で助け合いが起こるようになる

「報・連・相」は上司から

上司と部下の関係において欠かせないのが「報・連・相」。仕事をしていれば、報告・連絡・相談が重要なのは言うまでもありません。

リーダーたちに話を聞いてみると、この「報・連・相」に関する悩みを持っている人がけっこういます。**「部下の連絡が遅い」「報告が正直じゃない」「大事なことを相談してくれない」**などです。

このお気持ちはよくわかります。しかし、こうした問題は起こるのが当たり前なのです。そもそも上司と部下の間には、意識に大きなギャップが存在しているからです。

あなたも自分が部下の時代には「できるだけいい状態に仕上がってから報告しよう」「自分にとって都合の悪いことはごまかせないか」と「報・連・相」が遅れたことはあり

ませんか？

しかし、ひとたびリーダーになってみると「報・連・相」がいかに重要かを思い知らされます。たとえば、部下が何かミスをしても、報告が早ければ早いほど、被害は最小限に食い止めることができます。このように**「部下を守る」という観点からも、早めの「報・連・相」が欠かせません。**

では、どうしたらいいのでしょうか。

まずは意識の転換が必要です。世の多くの人は「『報・連・相』とは、部下から上司に行うもの」だと思っているでしょう。仕事の流れからすれば、それが現実なのですが、その発想を捨てるところからスタートするべきだと私は思っています。

前の項目で、「上司が先に部下を頼る」という話をしましたが、基本的な考え方は「報・連・相」も同じこと。

まずは上司が部下に対して「報・連・相」をする。この発想を持ってみて下さい。

個人情報保護、企業秘密など、どうしても部下に教えられない機密事項でない限り、どんどん部下に報告、連絡をして「この先、どうしていけばいいかな」と相談する。そのスタイルをチームのベースにしてしまいましょう。

とかく上司は、部下に対して「待ちの姿勢」をとりがちです。報告や連絡は部下が自分に上げてくるもの。相談は部下が上司に持ちかけるもの。そんな固定観念を持っています。

しかし、それは大いなる誤解なのです。

何度も言うようですが、自分が部下だったときのことを思い出して下さい。自分にとって不都合なことを、進んで上司に報告していたでしょうか。「自分のダメなところは上司に知られたくない」。誰しもそう思うのが当たり前ではないでしょうか。

「待っていても、部下は上司に近づいてこない」ということを認識しておいて下さい。

だからこそ、**アプローチは上司から**。甘えるのも、頼るのも、報告も、連絡も、相談も、上司から進んで行動を起こすのです。

恋愛にたとえるなら「上司と部下」は完璧なる片思いです。

上司は部下に熱を上げているが、部下にはなかなか思いが伝わらない。そんな関係からスタートするのだと、すべてのリーダーが認識しておくべきでしょう。

部下に関心を持ち、コミュニケーションを図る。

好きとか嫌いとかの感情を超えて、自分からアプローチをして、関係を築き、メンバーの心を開き、チームの交流を円滑にしていくのはリーダーの仕事です。

最初のうちは、上司が一方的にすり寄っていくのですから、完全なる片思いです。

それでも**根気よくアプローチを続けることによって、部下が少しずつ心を開いてくれる。**

これが基本なのです。その関係ができていないうちから「部下が報告を上げてこない」「もっと早く相談してくれれば良かったのに……」と嘆いても仕方ありません。この「関係作り」も、リーダーの大切な仕事なのです。

point

「報告が遅い！」と思ったら、自分から部下に声をかける

「魔法の日報」で部下がどんどん正直に

どのように部下とコミュニケーションをとっていくか。

それにはいろいろな方法がありますが、その1つとして、日報の活用をオススメします。

しかし多くの場合、日報は次のようなコミュニケーションギャップを引き起こしがちで、活用できているとは言い難いのが現状です。

上司「きちんと日報を書け」

部下「忙しいのに、なんでこんなもの書かなきゃいけないんだよ」

だから部下の日報というのは、ほんの数行で終わっていたり、完璧に義務として、適当に書かれていることが多々あります。

この現状に対して「もっとしっかり日報を書け」と上司が言ったところで、ほとんど効果はありません。部下もサラリーマンなので「上司に言われたから、仕方なく……」という感じで、多少はまともに書くようになるでしょうが、その日報に上司の知りたい情報はありません。

では、上司が求める情報とは何か。
ひと言で言うなら、それは「正直な情報」です。
現場で起こっている偽らざる真実、部下が直面している本当の問題、正直なSOS。
こうした情報こそ、上司はつかんでおかなければならないのです。

上司として、このような「正直な情報」を引き出したいと思うなら、「部下に日報をきちんと書け」と言うのではなく、**上司こそが、部下に向けて「コメント」をきっちり書くべき**だと私は思います。
部下が書いてきた内容、報告を単にチェックするだけでなく、「○○は大変な取引先だけど、何か困っていることはないか?」「最近、残業が続いているみたいだけど、何か手助けできることはないか?」「お客さまとの交渉がうまくいかないなら、一度同行してみようか?」など、とにかく上司は部下をケアし、サポートする気持ちで親身なメッセージを発し続ける。

それが**「正直な情報」「正直なSOS」を引き出す大きなきっかけ**になります。

ちなみに、私は部下の日報は「部下との交換日記」と呼んでいました。最初は書き込みがない部下もいました。その日の仕事内容について2~3行書いて終わりです。

でも、私は何行にもわたって部下をケアするようなメッセージを書き続けました。

そんな関係を続けていれば、どんな部下だって徐々に何かを書いてくれるようになります。そして、その日報でのやりとりがきっかけとなって、部下と話をする機会が訪れます。

そんな日が来るまで、上司は粘り強く書き続ける。

間違っても「上司のオレがたくさん書いているのに、部下のオマエがちょっとしか書かないのはおかしいだろ!」と思ったり、部下に言ったりしてはいけません。

本当に有益な日報、価値のあるコミュニケーションをしようと思うなら、最初の段階は上司が書き込む。途中で心が折れそうになるかもしれませんが、書き続けることで、必ず気持ちは伝わります。

日報を書くのは部下の仕事で、それをチェックするのが上司の仕事。

世の中にはそんなふうに思っている人が多いでしょうが、必要なのはまったく逆の発想なのです。日報を書くのは上司の仕事で、部下はそれを読めばいい。

そのくらいの気持ちで、上司から部下への情報発信を大事にして欲しいと思います。

たとえ時間がかかったとしても、気持ちはいつか必ず伝わります。

point

日々の日報に「コメント」を書き込もう

心から頼れる腹心を作る

部下とのコミュニケーションを図る上でも、チーム作りをしていく上でも、「腹心を作る」というのは非常に大切です。

私は本書でくどいくらいに「部下を頼れ」「部下に甘えろ」と言っていますが、その頼る部下の筆頭が腹心です。

リーダーというのは一人では何もできません。言い換えれば、**一人で何かをしようとするリーダーでは本当に強いチームは作れません**。もしあなたがはじめてリーダーになったとしたら、「このメンバーの中で、誰が腹心となるのか」をまず考えるべきです。

腹心は、あなたの良き相談相手になってくれますし、現場の情報を教えてくれる人でもあり、メンバーとリーダーを結ぶ架け橋にもなってくれます。リーダーにはリーダーにしかできないことがあるのと同様、チームには「腹心にしかできないこと」が確実に存在します。腹心なくして強いチームは作れない。ぜひとも覚えておいて下さい。

いろんなところで「リーダーとなったら、腹心を作ることが大事ですよ」と話していると、「どんな人を腹心にすればいいのですか?」という質問をよく受けます。

はじめてリーダーになった人なら特に悩ましいところでしょう。

しかし、この点に関して私の答えはじつに単純です。

腹心とは、言うまでもなく組織、チームのナンバー2。つまり、そのグループでもっとも職責の高い人（主任でも、課長でも、グループリーダーでも何でも構いません）を選べばいいのです。

職責に差がないのであれば、年齢、チームの中の影響力、人望など、とにかく「この人がナンバー2だな」と自他共に認める人を素直に選んで下さい。

ここでやってはいけないのが、リーダーが自分の好みで腹心を選んでしまうというパターン。リーダーの心理として「自分と気が合う人」「自分を慕ってくれる人」、あるいは「この人は能力があると認めた人」を腹心に置きたいのはわかります。

しかし、そんなサプライズ人事をしたら「いわゆる、ナンバー2の人」（誰もが「この人がナンバー2だよな」と思っている人）はどんな気持ちになるでしょうか。

「なんでアイツが！」「アイツはリーダーの言いなりだから、ひいきされている」と思うでしょう。その時点でチームは分裂。無用なライバル関係が生まれます。私たちが目指す「正直で、助け合える組織」とは正反対の方向へと向かってしまうわけです。

だからこそ、腹心は「素直に、当たり前の人」を選んで下さい。

誰にだって好き嫌いはあるでしょうが、その感情を超えたところでコミュニケーションを図り、部下に頼り、チームを作っていかなければなりません。

仮に**苦手な相手だろうが、その部下に頼っていくのがリーダーの仕事。プロとしての振る舞い**です。

「頼る、甘える」というのは、裏を返せば、信頼を突きつけることでもあります。相手を信頼しているからこそ、自分の弱さをさらけ出し、頼り、甘えることができるのです。

まずは目の前の腹心に対して、リーダーが先に信頼を突きつける。そこからコミュニケーションは始まります。その肝心なところで好き嫌いを差し挟んではいけません。

腹心との関係は、チーム作りの初期段階から成熟期に至るまで、いつでも変わらず重要なのですが、やはり自分がリーダーに就任した直後はことさら重要です。**リーダーになった際は、何よりもまず腹心から話を聞いて「メンバー、チームの状況を把握すること」が大切**です。

大切なのは「いいチームを一緒に作っていきたい。だから、いろいろ助けて欲しいし、教えて欲しい」という姿勢。

その第一歩こそ、リーダー自身が自分をさらけ出し、腹心に信頼を突きつけること。とにかく、腹心にはいろんなことを質問し、相談して、教えてもらえばいいのです。

この腹心とのキャッチボールこそ、チーム内のコミュニケーションの基本、肝となります。腹心の話をじっくり聞くことで、腹心との信頼関係も築かれますし、チームの事情もわかってきます。

point

チームのナンバー2を腹心にして、いろんなことを相談する

業績や数字ではなく、「人としての関心」を持つ

本書の「はじめに」でも述べた通り、リーダーの5カ条には「部下に誠実な関心を持つ」という項目が入っています。

この「誠実な関心」とは何だと思いますか？

簡潔に表現するなら、それは「一人の人間として相手を見て、自分も一人の人間として相手と向き合うこと」です。

たとえば、私は「浅井さんにとって一番大事なものは何ですか？」と問われれば、迷うことなく「家族」と答えます。

女手一つで育ててくれた母。こんな私と結婚してくれて、何十年も支え続けてくれている最愛の妻。私の人生に大きな喜びと感動を与え続けてくれている息子と娘。この家族こそが、私の人生でもっとも大切な存在です。

とすれば、部下一人ひとりにも「人生で大切にすべきもの」が必ずあるわけです。それは、私と同じように家族かもしれないし、恋人かもしれない。あるいは、自分の時間、趣味を大切にしている人もいれば、友だちとのつき合いを「人生の宝」と考えている人もいるでしょう。

当たり前ですが、部下一人ひとりにかけがえのない人生、大切にしたい思い・価値観が確実に存在しています。

その当たり前の事実を理解し、人間として相手を尊重し、相手と誠実に向き合う。

これこそが「誠実な関心を持つ」ということです。

しかし、**多くのリーダー、上司というのはどうしても「仕事のこと」、特に「業績」に意識がいってしまいます。**リーダーの中には「お互いプロなんだから、職場では仕事のことだけ考えればいいんだ」という考えを持つ人もいるでしょう。

その考えにとやかく言うつもりはありませんが、仕事で成果を上げるためにも、「誠実な関心」を持つことが大事だと私は確信しています。

たとえば**家庭に問題があれば、人は集中して仕事にとり組むことはできません。**そんな状況に置かれた人に対して「プロなんだから、仕事に家庭を持ち込むな」と言うのは、無茶な話です。家庭の問題だろうが、何だろうが、困っている人がいるなら、みんなで助け合う。部下に限らず、リーダー自身だって何かしらのトラブルを抱え、みんなの助けが必要になることがあるかもしれません。

このスタンスをリーダーが持ち、かつ、それを発信し続けていけば、チームにも浸透していきます。それが「正直で、助け合える組織」にもつながっていくのです。

ここで私が強く言いたいのは、本当に強いチーム（継続的に好業績を上げ、メンバーが成長し、すべての人が前向きに仕事をする）を作るためには、「業績」だけに関心を持っているようではダメだということです。「仕事は仕事、プライベートはプライベート」というシビアな割り切りだけでは、良好なコミュニケーションも、チームビルドも、業績アップも望めないと私は感じています。

point

部下一人ひとりの「人生」を尊重する

部下に対して、「人としての関心」を持つ

× 業績のみに関心を持つ

こいつらを使って業績を上げよう
ふふふ…
えっ…

➔ 部下に見透かされて、信頼されない

◎「人としての関心」を持つ

一人の人間として向き合っていこう
ちゃんと見てるからな
うれしい！

➔ 仕事のつながりを超えた強い絆が生まれる

「お前、本当に優しいヤツだな」。小さな工場で起こった奇跡

私はリーダーになる前、地方のある小さな工場に勤務していたことがあります。当然ながら、たばこを作っている工場なのですが、そこの安全担当として私は赴任しました。安全担当の仕事とは、制服のボタンをきちっと留める、帽子をかぶるなど、安全を期すために決められたルールをみんなに守ってもらうことです。

しかし、当時（30年ほど前）はそれほど安全意識が高くなかったこともあり、また工場にはその道何十年というベテランが揃っていたので、帽子をきちんとかぶっていない人もたくさんいました。

そこへ20代半ばの若造が安全担当としてやってきたのですから、私の言うことなどまったく聞いてくれません。私は昔から、笑顔と人の良さだけが取り柄だったのですが、いくら「お願いしますよ」「きちんと帽子をかぶってもらえませんか」と言っても見向きもさ

れませんでした。

あるとき、あるベテラン従業員の一人が「今度、娘がブラスバンドで県大会に出るんだよ」と同僚の人たちと話しているのを聞きました。それで私は「娘さんがブラスバンドで県大会に出るなんて、すごいじゃないですか」と話しかけました。

何か特別な思惑があったわけではありません。**その人があまりに嬉しそうに話すので、こちらも純粋に「すごいじゃないですか」「何の楽器をやってるんですか?」などと興味を持って聞いただけです**。その会話がきっかけとなって、その後も「ブラスバンドの県大会はどうでした?」「うまくいきましたか?」など、プライベートの話をけっこうするようになりました。

そんなある日、そのベテラン従業員が仕事中に足をケガしてしまうという出来事が起こりました。幸い大事には至らず、ちょっと擦り剥いたという程度で済んだので、私が彼の足をきれいに拭いて、手当てをしました。

手当てをしながら、私は彼に「○○さん、気をつけて下さいね。○○さんだけの体じゃないんですから。家には奥さんとブラスバンドをがんばっている娘さんだって待っているんですから、体だけは大事にして下さいね」と話しました。

すると、彼は私の目をじっと見つめ**「お前、本当に優しいヤツだな。俺は何十年もこの工場に勤めてるけど、お前みたいに優しく、一生懸命に俺たちのことを思ってくれるヤツにははじめて会ったよ。ありがとな」**と言ってくれました。私はその言葉を聞いた瞬間、嬉しくて涙が出ました。

しかし、本当に驚いたのはその後です。翌朝、私はその人の部署に足を踏み入れて仰天しました。まわりを見まわしてみると、その人を含めベテランの人たちがみんな安全帽をかぶっているではありませんか。これまで何十年もかぶっていなかった帽子をかぶり、何事もなかったかのように仕事をしているのです。

いったい何が起こったのか。私はわけがわかりませんでした。しかし後で聞いてみると、昨日ケガをした方が「浅井があぁ言ってるんだから、浅井の一生懸命さに応えて、ちゃんとした格好くらいしてやろうじゃないか」とみんなに呼びかけてくれたのです。

私は感激して涙を流し、その人のところへ走って行ってお礼を言いました。

もう何十年も前の話ですが、私はそのときの光景を忘れることができません。

あのとき私は**「人が動いてくれるとは、こういうことなんだ」**と学びました。

確かに、上司やリーダーともなれば「役職の力」「権限」で人を動かせるかもしれません。あるいは、安全帽をかぶることにしたって「かぶってない人は罰金」という制度を作れば、簡単にかぶらせることはできたかもしれません。

しかし、そんなやり方で人を動かしたとしても人の本当の能力は発揮されません。指示・命令や権限によって人を動かすなんて、三流のリーダーのやることだと私は思います。

だからまずは、リーダーであるあなた自身が部下に対して誠実な関心を持つことです。一人の人間として相手を受け止め、思いやりのある眼差しを向けて下さい。

もちろん、それですぐにメンバー全員と関係が構築され、行動に劇的な変化が現れるわけではありません。しかし、そうやって一人ひとりに誠実な関心を持ち、人として相手を認め、コミュニケーションをとろうとさえしていれば、必ず部下もあなたを人として受け入れてくれるようになります。

point

「人としての関心」を持てば、その思いは必ず返ってくる

難しく考えず、ごく自然に声をかける

「普段、部下とどんな態度で接していいかわかりません」

このような質問もよくお聞きします。これに対し、私がよく言うのは、部下でも、取引先の人でも、あるいはお客さんが相手でも「この先、末永くつき合っていきたい友だちだと思って接して欲しい」ということです。

たとえば、大事な友だちと会ったとき、相手の顔色が悪く、体調が優れないようなら「どうしたの?」「大丈夫?」とごく自然に声をかけるでしょう。心から相手を気遣うとか、誠実な関心を持つとか、そんなことは考えず、反射的に「大丈夫?」と声をかけてしまうはずです。親しい友だちと朝会えば「おはよう」と明るくあいさつするでしょう。そんなごく自然な思いを部下にも向けてあげて下さい。

部下の様子を観察して「疲れてるのかな?」「元気がなさそうだな」「体調は大丈夫か

な?」「仕事で、何か困っていないかな?」と気にかける。それで何か気づくことがあれば、「疲れてるみたいだけど、大丈夫?」と軽く声をかければいいのです。

このように**上司から声をかけ、「いつでもドアは開いているぞ」というメッセージを送り続けること。これがとても重要**なのです。

私が働いていたのは営業所だったので、当然毎朝、営業部員たちが事務所を出て行きます。私は必ず部下たちを見送り、声をかけていました。ところが、いろんな営業所を見まわってみると、こんな当たり前のことさえやっていない上司もたくさんいました。部下たちが「行ってきます」と言って出かけていくのに、パソコンを見たまま何の反応もしないのです。それでいて「部下とのコミュニケーションに苦慮している」なんて言う。

こうした些細なコミュニケーションを大切にできるかどうかで人間関係が変わり、チームの雰囲気が変わり、ひいては業績も変わってくるのだと私は思います。

point
「いつでもドアは開いている」というメッセージを伝える

365日欠かさなかったある日課とは？

部下とのコミュニケーションに関して、私が続けている習慣をご紹介します。

それは「部下の誕生日には必ずメッセージを送る」というものです。

すべての人にプレゼントを渡すなんてことは、物理的にも経済的にも続かないので、メッセージを送ることにしたのです。直接会える人には簡単なメッセージカードを書いて渡しますし、会えない人には「おめでとうメール」を送ります。内容的には、「○○ちゃん、誕生日おめでとう！　今年1年が素晴らしい1年になりますように。膝を痛めていたと思うけど、大丈夫かな？」というものです。

営業所長時代の部下は5～10人程度でしたが、複数の営業所を束ねる支店長ともなると、部下は全部で数百人にもなります。1年365日、ほぼ毎日誰かの誕生日がやってくる感じでした。そんなわけで、誕生日メールを送るのは私の朝の日課となりました。

この「誕生日メール」や「朝の見送り」のようなコミュニケーションは、やったところで業績に直結するものではありません。

でももし、自分が部下の立場で、思いがけず上司から心温まる誕生日メールが届いたら、**「ああ、あの人は自分のことを気にかけてくれるんだ」と少しだけ嬉しくなりませんか。**そうやって一瞬でも気持ちがふわっと軽くなるなら、やる意味は大きいと思います。

私が支店長だった時代には「支店長からわざわざメールをもらえるなんて、想像してませんでした。感激です」とか「私のこと覚えていてくれたんですね。ありがとうございます」などの返信をたくさんもらいました。

そんな返事がもらえること自体、ものすごく嬉しかったですし、そうやって些細なことで関係を築いているからこそ、本当に困ったときに「あの人に相談してみようかな」と上司の顔が思い浮かぶのではないでしょうか。

point

誕生日にメールがきたら、嬉しくありませんか？

「相談してくれてありがとう」精神を持つ

上司というのは「困ったときは、何でも相談してくれ」と言うばかりで、「本当に相談したい相手」にはなれていないものです。

「相談してくれ」と言われて「じゃあ相談に行こう」と思うほど、人の心は単純ではありません。誰だって、**自分が困っていることを正直に打ち明け、相談するには勇気がいります**。仕事に関する悩みだからといって、そう簡単に上司に相談などできません。

つまり、「部下が上司に相談に来る」というのは、相当な信頼関係の上に成り立つものであり、上司にとっては涙が出るほど嬉しい瞬間なのです。

より正しい言い方をするならば、「部下が相談に来る」のではなく「相談に来てくれる」のです。

だから、私は部下が相談しにきてくれたら「オレなんかに相談しにきてくれて、本当にありがとうな」と心から思っていましたし、実際相手にもそう伝えます。

多くの上司やリーダーが、部下から信頼され、相談される人になりたいと思っているでしょう。もしそう思っているなら「いつでも相談に来い」と言うだけでなく、些細なコミュニケーションをとにかく大事にして下さい。

ちょっとした声かけ、態度、あいさつ、見送りなどなど、些細なコミュニケーションの積み重ねによって、少しずつ、本当に少しずつ関係は築かれていきます。

そして、その関係があるからこそ、何かの問題に直面したとき「そうだ、あの人に相談してみようかな」とあなたの顔が浮かぶのです。

部下から相談されるというのはそれほどスゴイことなのです。

point
「部下が相談に来る」ではなく、「相談に来てくれる」と考える

苦手な部下と「プロ」としてつき合う方法

「嫌いな部下」「苦手なタイプ」とどうつき合っていけばいいか。

これもよく寄せられる悩みですが、はっきり言って、**人には好き嫌いがあり、それをなくすことはできません。**もちろんそれは上司も、部下も同じです。

上司にしてみれば、嫌いな部下、苦手な部下は当然いるでしょうし、部下にとっても、嫌いな上司、どうしてもウマが合わないリーダーがいるものです。

「好き・嫌い」「得意・苦手」というのは相性の問題なので、正直なところ、これはどうしようもありません。そんなとき、リーダーとしては「誠実に仕事で向き合う」という意識を持つべきだと私は考えています。

多くの場合、あなたが嫌いな相手なら、相手もあなたのことを嫌っています。

しかし、双方のスタンスとしては「お互いプロなんだから、誠実に仕事はしましょう」というものでなければなりません。リーダーであるあなたは、相手のことを嫌いだからといって評価を変えたり、仕事の割り振りを操作したりしてはいけません。「苦手だから」という理由で評価を下げるのはもってのほかですし、「ちょっと好かれたいから」といって変に優しくしたり、厳しく言えなくなるのも問題です。

あくまでも、仕事として誠実に向き合うこと。この意識が大事です。相手に問題があれば、きちんと指摘もするし、相手のがんばりにはしっかりと評価をするし、感謝もする。

その感覚をお互いが持てれば、「好き・嫌い」の感情を乗り越える糸口にもなります。

当然、私は**苦手な部下と向き合うときでも「部下に頼る」というスタンスはまったく変わりません**。気の合う部下には頼るけど、苦手な部下には頼らないというのは、そもそもおかしな話です。好き嫌いでマネジメント方法を変えているのと同じです。

だから、私は**苦手な部下であっても「この人の長所はどこか」「どんな部分が得意なのか」を見つけ、その部分に関して頼ります。**

過去、私にも苦手な部下はいましたが、その人が「営業用のＰＯＰ作りが得意」ということならば、「ぜひ、そのＰＯＰ作りのコツをみんなにレクチャーしてくれないか」とお願いしましたし、「データ分析に長けている」となれば、「一緒にデータを分析して、意見をくれないか」と持ちかけもしました。

つまり、これが**「仕事で向き合う」**ということです。

本書をここまで読んでくれている人の中には、「一人の人間として向き合う」とか「部下に誠実な関心を持つ」という側面と、「プロとして、仕事で向き合う」という側面に矛盾を感じる人もいるかもしれません。

でも、それは十分に共存するものだと私は考えています。

なぜなら、たとえ嫌いな部下であっても「この人の体調はどうかな？」「プライベート

「苦手な部下」とはどう向き合うべきか

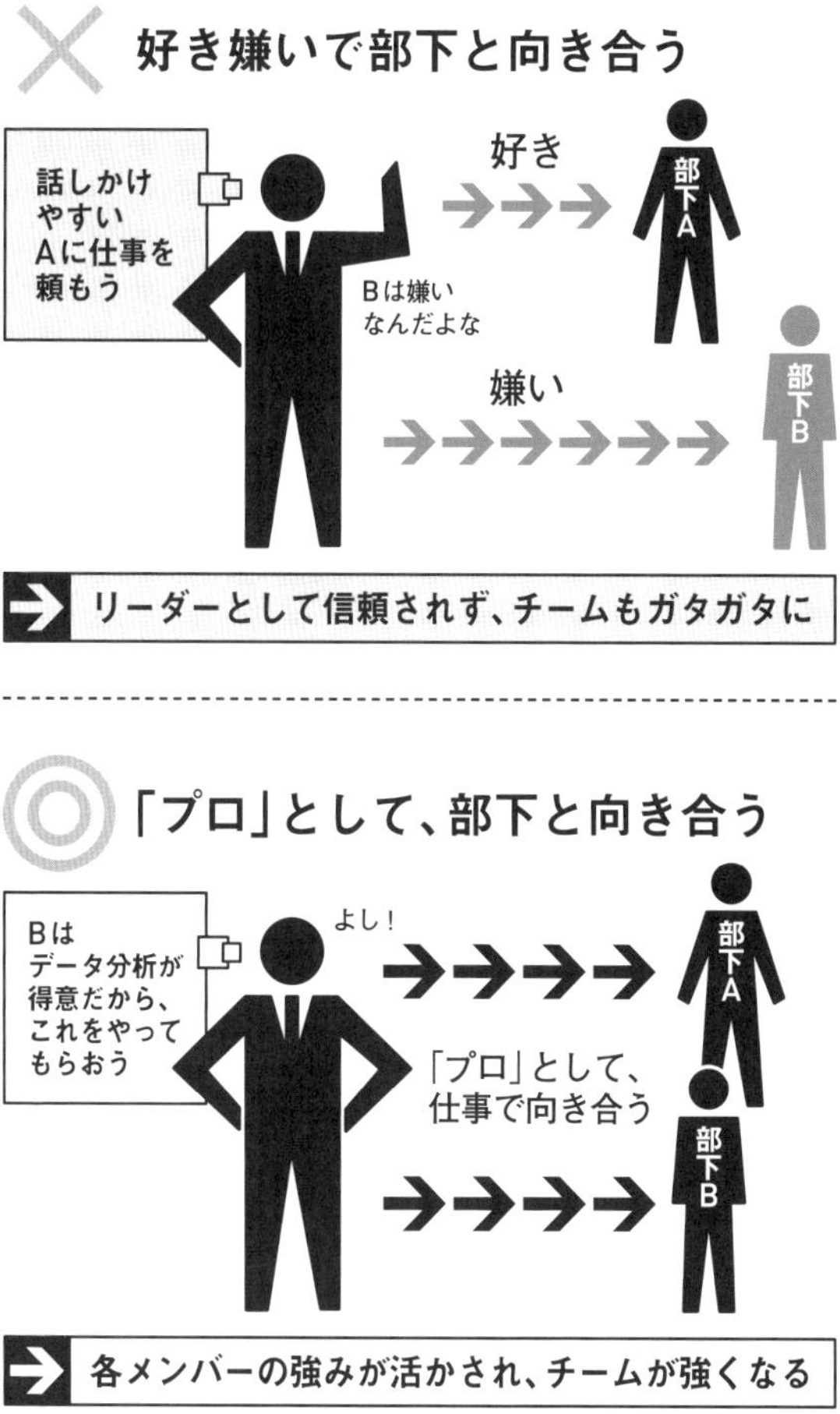
好き嫌いで部下と向き合う
話しかけやすいAに仕事を頼もう
Bは嫌いなんだよな
好き
部下A
嫌い
部下B
リーダーとして信頼されず、チームもガタガタに
「プロ」として、部下と向き合う
Bはデータ分析が得意だから、これをやってもらおう
よし！
部下A
「プロ」として、仕事で向き合う
部下B
各メンバーの強みが活かされ、チームが強くなる

でつらいことがあって、やる気を失っているんじゃないかな?」という関心は、リーダーとして当然持つべきものだからです。その部下の体調が悪そうならば「調子が悪そうだけど、大丈夫か?」「今日は無理しないで、早めに切り上げていいぞ」と声をかけるのは、紛れもなくリーダーの仕事です。

「仕事で向き合う」というのは、**「ビジネスライクな冷たい関係になる」という意味ではなく、あくまでもリーダーとしての仕事を、きっちりとフェアにこなす**ということにほかなりません。

リーダーであるあなたが、「プロとして、フェアに、厳粛に仕事をする」からこそ、得意な相手だろうが、苦手な相手だろうが、好き嫌いを超えて、しっかりしたコミュニケーションが図れるのです。

人に対して「好き・嫌い」「得意、苦手」があるのは構いません。

ただ、苦手だからといって、愛想笑いをしたり、おべっかを言ってすり寄ったりしてはいけません。相手には見抜かれますし、決して喜ばれません。

そんなときこそ、リーダーに求められるのは「仕事として、誠実に向き合うこと」なのです。

リーダーであるあなた自身が、感情に揺さぶられ、プロとしてのスタンスを忘れてしまったら、苦手な部下とのコミュニケーションはますます難しくなります。このことをよく覚えておいて下さい。

point

好き嫌いはなくせない。だからこそ「仕事で向き合う」

Chapter 2_SUMMARY

第2章

本気で部下に甘えよう

まとめ

1 部下を信頼し、甘えることで、チーム内に助け合う文化が生まれる

2 リーダーが甘えることで、部下の本音が出やすくなる

3 待ちの姿勢を捨てて、「報・連・相」はリーダーから行う

リーダー5つのルール
5 rules of the leader

1 心がまえ
2 コミュニケーション
3 部下育成
4 マネジメント
5 チーム作り

4
日々の日報は、部下をケアする貴重なアイテム

5
チームのナンバー2を腹心にして、心から頼る

6
業績や数字ではなく、「人としての関心」を部下に持つ

7
「部下が相談に来る」のではなく、「部下が相談に来てくれる」と考える

8
苦手な部下がいても、「誠実に仕事で向き合う」

第3章

「一人」との向き合い方を「みんな」が見ている

#「一人」との向き合い方を「みんな」が見ている

部下育成について、私が常に考えてきたのは**「絶対に、一人の落ちこぼれも出さない」**ということです。

よく世間では、「2対6対2の法則」といって、どんな組織にも2割の優秀者、6割の普通の人、2割の落ちこぼれがいる、といわれます。

しかし、だからといって、業績を上げられない人（世間で言う、落ちこぼれ）を放置したり、あきらめてしまっていいわけではありません。

そもそも私は「落ちこぼれ」はいない、と考えています。本人や周囲が勝手に「落ちこぼれ」というレッテルを貼っているに過ぎません。

私が「落ちこぼれを作らない」「落ちこぼれなんていない」と言うと「そんなの理想論

だ」「きれいごとだ」と言う人は大勢いますし、「落ちこぼれ一人に、じっくりかかわっている時間がないんですよ」と現実的な問題を口にするリーダーも少なくありません。

それでも、私はそのたった一人と真剣に、誠実に向き合うことが大事だと思いますし、その考えを貫いてきました。


そもそも、世に言う「落ちこぼれ」とはどんな人を指すと思いますか？

それは、業績を上げられない人、なのでしょうか。チームを見渡せば、なかなか業績を上げられず、数字の面でチームの足を引っ張っている人がいるのは事実。

しかし、これはどんな人にも起こり得る事態なのです。

たまたま、**今は業績を上げることができていても、何かのきっかけで不振に陥ることだって十分にありますし、家庭の問題が起こって急にモチベーションを失い、業績を落とす人**を私は何人も見てきました。

あるいは、どんなに優秀であっても、その「優秀である」というプレッシャーに押しつぶされ、心がすさんでくる人もいます。本書でも、成績優秀な営業マンが、仲間のテリトリーを侵すようになり、その問題発覚後に業績を落とし、チームでの居場所を失っていったケースを紹介しました。

落ちこぼれとは、決して特別な存在ではなく、誰でもそこに陥る可能性があるものです。まずはその事実をしっかりと理解する必要があると私は思います。

もしリーダーが「成績が悪い人」（いわゆる、落ちこぼれ）に対し、誠実に向き合わず、邪険に扱うようだとしたら、他のメンバーはどう思うでしょうか。

きっと彼ら、彼女らは**「自分がその立場（落ちこぼれ）になったら、同じように扱われる」**と思うに違いありません。業績不振の人を放置したら「自分もいつか放置される」と感じるでしょう。失敗した部下のことを、陰でリーダーが非難すれば「きっと自分も陰でいろいろ言われている」と思うものです。

優秀者ばかりを大事にするリーダーの下で働く人たちに、私は何度も話を聞いたことがありますが、彼らの多くは「自分が見放される恐怖」を常に感じていました。

「業績を落としたら、上司に見放される」

この意識が強いため、どうしても「自分の業績に固執する」という傾向が強くなり、「ミスをしたくない」という思いばかりが先に立ちます。

結果、チームの中で助け合うことができなくなり、悩みを隠すようになります。

これはチームとして、とても大きな問題です。

しかし一方で、リーダーが「成績の悪い人」「ミスをした人」「悩みを抱えた人」に対して、人間として誠実に向き合っていたらどうでしょうか。

周囲のメンバーは**「このリーダーは、こんなふうに私たちと接してくれる人なんだ」「この人は、何があっても絶対に見捨てない人なんだ」**と思ってくれます。実はこれがとても、とても大事なのです。

純然たる事実として、成績の悪い人、多くの課題を抱えた人とじっくり向き合うのは時間も、労力もかかります。

しかし、その姿勢を他のメンバーが見ていることを決して忘れないで下さい。

「絶対に、目の前の一人を見捨てないんだ！」という姿勢をメンバー全員に示すことができれば、その他のメンバーに費やす時間が少なくなっても大きな問題にはなりません。

むしろ、そのリーダーの姿勢に共感し、さまざまなサポートをしてくれるようになります。

ある人は、自分ががんばることで業績の穴を埋めようとしてくれるかもしれません。

またある人は、リーダーと一緒になってその一人と向き合い、いろんなアドバイスをしてくれるかもしれません。

あるいは、リーダーが知らないところで、その人（業績を上げられない人）と同行営業をしてくれたり、仕事のやり方を教えてくれるかもしれません。

「絶対に、目の前の一人を見捨てない！」という姿勢が、チームの雰囲気を大きく変えてくれます。

point

何があっても、「目の前の一人」を見捨てない

すべての部下と平等に、しっかり向き合う

✕ 成績優秀な部下ばかりかわいがる

結果を出せ！
成績が落ちたら見捨てられる…

➔ チーム内での助け合いがなくなり、ギスギスする

◎ 課題を抱えた部下ともしっかり向き合う

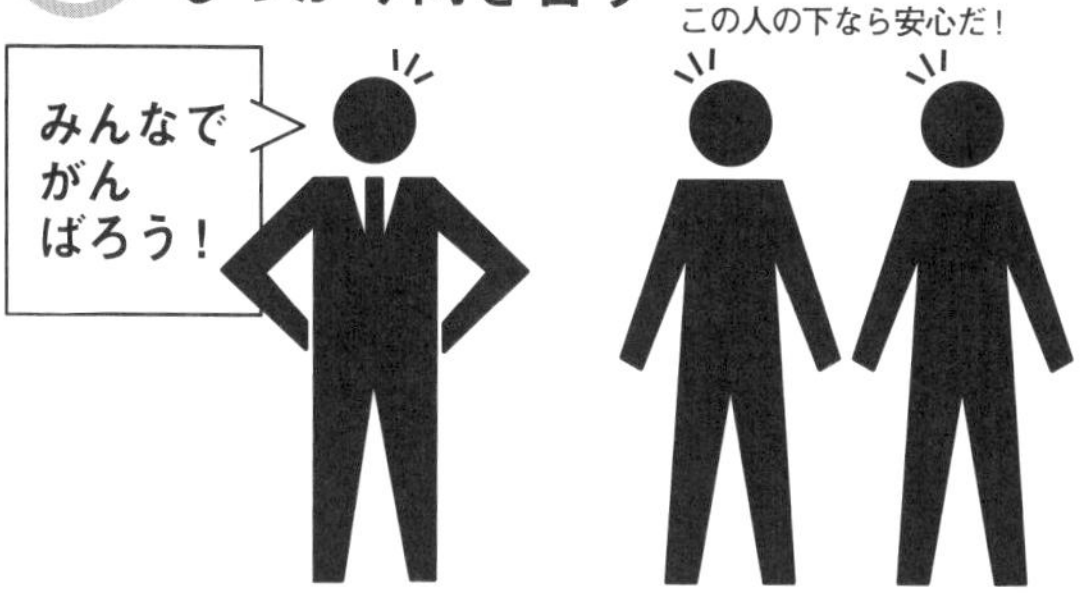
みんなでがんばろう！
この人の下なら安心だ！

➔ 「この人についていきたい」と部下から信頼される

部下には部下なりの「上司にして欲しいこと」がある

第2章のコミュニケーションのところで、部下に甘える、部下を頼ることが大事だと述べました。この発想は部下育成においても、基本的には変わりません。

たとえば、Aくんという部下を育てたいと思ったら、その育成方法や方針について、私は部下本人に相談してきました。さすがにこの話をすると「えっ、張本人に相談しちゃうんですか？」と多くの人に驚かれます。

でも考えてみて下さい。「こんなふうに育てよう」「こんなアプローチをしよう」と思っていても、**本人が「もっとこうして欲しい」「こんなふうに接して欲しい」という思いがあれば、それを聞くのは当たり前**ではないでしょうか。

誤解のないように言っておきますが、何も私は「部下本人の希望通りの育て方をすべき」と言っているのではありません。本人の意向とは別に、リーダーには「こうするべきだ」という考えや方針もあるでしょう。

ただし、本人の意向を聞き、その思い、考えを受け止めることは重要です。本人の意向を無視した育成をしても、効果は上がりません。

以前、こんなことがありました。私はリーダーとしてチームのみんなの評価を下すのですが、Bくんという部下について、私の下した評価と、Bくん自身が下した自己評価に大きなギャップが生じていたのです。

これはどんな部署でもよく起こる問題でしょう。

Bくんは個人としての業績は優秀なので、当然自分には高い評価を下している。しかし私としては、個人の業績にプラスしてBくんには「他のメンバーの業績がアップするような働きかけをして欲しい」という思いがありました。それができる人材だと思っていたからこそ、現状のBくんにはちょっと物足りなかったのです。

まさに、その部分で評価にギャップがあったのです。

そこで、私は彼とじっくり面談をして「他のメンバーの業績アップのための働きかけをもっとやって欲しいんだ。それをやってもらうにはどうしたらいいかな」ということを正直に彼に伝えました。

これはリーダーとして絶対に伝えたかった部分ですが、リーダーが一方的に要望を伝えるだけでは不十分です。部下には部下の事情や思いがあるので、その要望を聞くことこそが大切になってきます。

そこで私は**「君がもっとチームのために貢献するために、オレはどうすればいいかな？」**と彼に相談しました。「どうしたら君は変われるか？」と問い詰めるのではなく、「君が変わるために、私は何をすればいいか？」と相談するわけです。

すると彼は「それじゃあ浅井所長はミーティングのときに、少し黙ってもらえませんか」と言いました。よくよく話を聞いてみると、彼自身も「こうしたらいいんじゃないか」「こういう方法をすると、業績が上がる」というアイデアや提案を持っていたのです。ところが、ミーティングの席で、リーダーである私が話し過ぎていたためにその機会を失っていたというのです。

その事実を知った私は「えっ、そうなの？」と驚き、反省し、「それは悪いことをした。

これからはなるべく黙るようにするよ」と彼に言って、「今後はどんどん提案をして、メンバーの業績アップに貢献して欲しい」と伝えました。

この一例でもわかる通り、**部下には部下なりの「上司にこうして欲しい」「こんなふうに接してもらいたい」という思いがあります。**

この種のコミュニケーションギャップは頻繁に起こっていて、あるチームで部下にアンケートを採ったところ「リーダーにはもっと厳しく言って欲しい」「部下に遠慮しているのがわかるので、そんな遠慮はしないで欲しい」という答えが返ってきました。

上司にしてみれば「ほめて育てよう」という思いがあったのかもしれませんが、部下本人はもっと違ったマネジメント、コミュニケーションを求めていたというわけです。

やはりこればかりは、部下に直接聞いてみないとわかりません。上司として「部下を育てたい」と思うなら、まずは部下自身の意見や思いに耳を傾けて下さい。

point

「君が変わるために、私は何をすればいいか?」と部下に聞いてみる

部下育成に欠かせない「2つのスタンス」

前の項目で「部下の育成方針は、本人に相談する」と述べましたが、この話をすると「オマエにはこんな問題があるけど、どうしたらいいと思う?」という相談の仕方をする人が現れます。

この聞き方は根本的に違います。

上司は部下に相談しているつもりでも、部下にしてみれば「遠まわしに文句や嫌みを言われている」としか感じられません。

当事者である部下に育成方針を相談する際には、守るべき2つのスタンスがあります。

1つ目は「部下の良いところを認め、その良いところを伸ばす(あるいは仕事に活かす)ためには、どうしたらいいか?」というアプローチをすること。

そして、もう1つは「良いところがあるのに、上司（自分）の力不足で、そこを伸ばしてやることができない。だから、どうしたらいいのか一緒に考えて欲しい」というスタンスをとることです。

1　良いところを伸ばすにはどうしたらいいか？
2　自分は力不足なので一緒に考えて欲しい

この2つのスタンスを絶対に守らなければなりません。

言われてみればじつにもっともな話ですが、これを忘れてしまっている上司やリーダーは本当にたくさんいます。

私が支店長だったころ、当然私の部下には何人もの営業所長がいました。そして、営業所長たちの下にも、さらにたくさんの営業部員がいるという組織です。

月に一度は営業所長たちが集まり、自分の営業所についていろいろ報告してくれるのですが、それを聞いていると「この営業部員はこういうところがダメ」「ここを改善すべきだ」「こんな問題を抱えている」など、とにかくマイナスポイントが次々に出てきます。

営業所長たちも悪気があってそんなことをしているのではありません。部下を育てたい、チームを強化したい、業績を上げたいと、真面目に、真剣に考えています。

ただ彼らは**「マイナスポイントを見つけ、そこを修正すること」が正しいマネジメントであり、自分に課せられた義務だと勘違いしている**のです。

確かに、問題を見つけ、改善・修正することも必要です。

しかし、部下育成に関しては「まず、良いところありき」でなければうまくはいきません。あなたがリーダーとなったなら、まず「部下の良いところはどこか」という視点でしっかり観察し、リサーチして欲しいと思います。

実際、私は営業所長たちにも「この先、それぞれの営業所で営業部員たちに直接会ったとき、個々の良いところをほめてあげたいので、次回の所長会議では部下の良いところを

部下の良いところを意識的に見つける

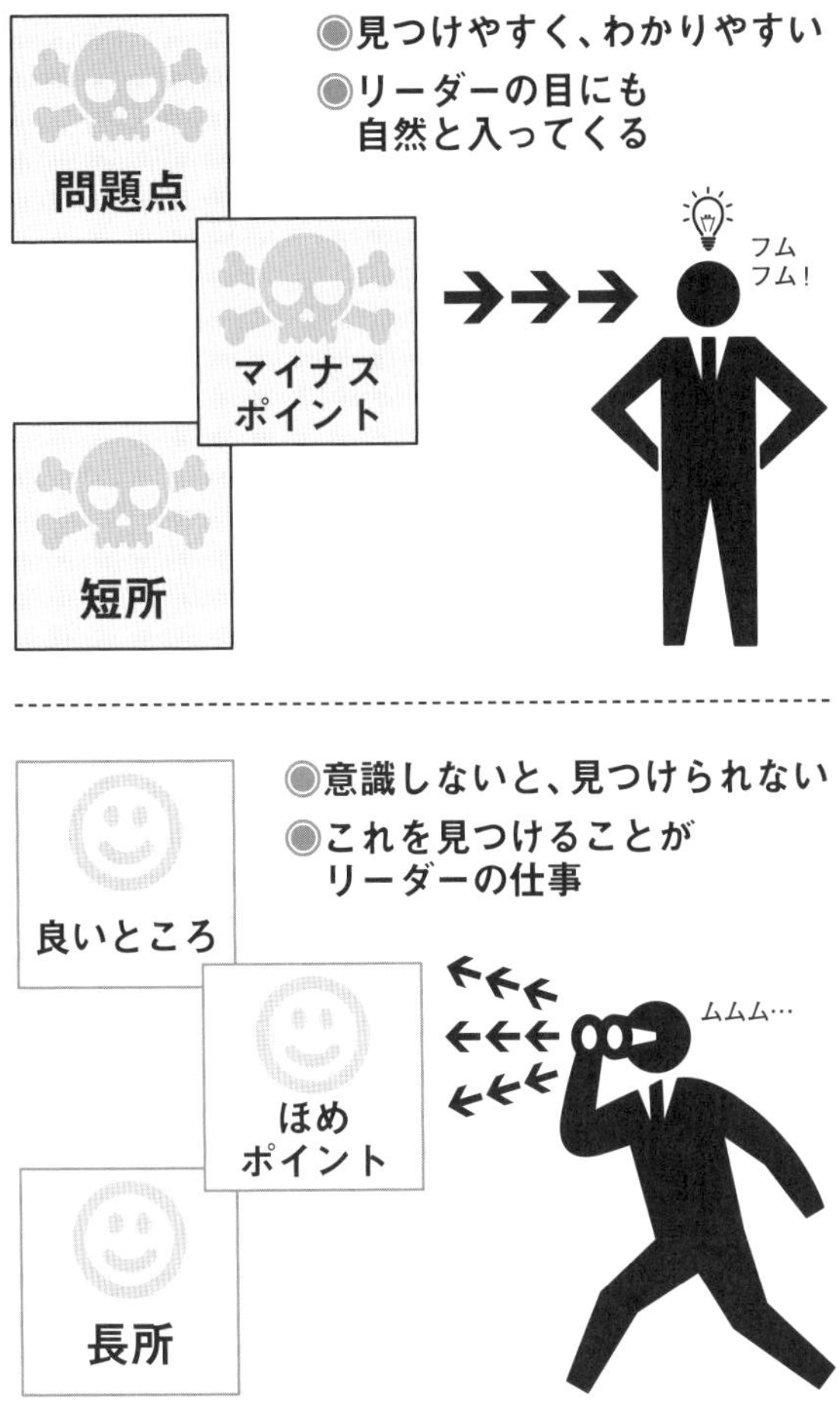
問題点
マイナスポイント
短所
◉見つけやすく、わかりやすい
◉リーダーの目にも自然と入ってくる
フムフム！
良いところ
ほめポイント
長所
◉意識しないと、見つけられない
◉これを見つけることがリーダーの仕事
ムムム…

いっぱい持ってきて下さい」とお願いしました。

すると、どうでしょう。

次回の所長会議では部下の良いところがどんどん発表されてきました。

業績のいい部下は言うに及ばず、業績には直接つながっていなくても、その部下がどんな思いでがんばっているか、あるいは、チームの雰囲気を良くするために、どんな気遣いをしてくれているのか、はたまた、自分のことは顧みず、いかにメンバーのために時間と労力を割いてくれているかなど、感動するくらい「良いところ」「ほめポイント」が続々と出てきたのです（そうしたほめポイントをメモした「ほめネタ帖」を支店長会議で紹介したところ、すごく好評で多くの支店長がマネしてくれるようになりました）。

先月の会議でマイナスポイントのオンパレードだったチームとは思えないほどの変容ぶりでした。**要は、リーダーの意識、視点の問題**だったわけです。

多くの営業所長たちは「部下の良いところを見よう」「強みを探そう」という意識や視点が無意識のうちに欠落していたのでしょう。

これはリーダーがよくはまる落とし穴です。部下のこと、チームのことを真剣に考えるがゆえに、知らず知らずのうちに「問題点」「マイナスポイント」「弱点」にフォーカスしてしまう。

しかし、一度「プラスに目を向けよう」という意識を持てば、いろんなところが見えてきます。だからこそ、特にリーダーには「部下の良いところを見よう」という強い意識が必要です。

なぜなら、その良いところを見つけた上で、**「どうやってその長所を伸ばしていくか」「良いところを仕事で活かすには、どうしたらいいか」という発想こそ、部下育成のベース**となるからです。

point

部下の短所、マイナスポイントばかり見ていませんか？

業績以外のほめポイントを見つけるコツ

部下の良い点を見つける際、「業績だけに焦点を当てない」というのはとても重要なポイントです。業績のいい人は、誰が見ても素晴らしい。リーダーはもちろん、どんな人でも、業績のいい人はほめられます。

むしろ、**リーダーが意識すべきは「業績をほめることができない人」の、どこを見るのか**という部分です。

それにはいくつものポイントがあります。

たとえば、その人の性格を見るのもOK。仕事への姿勢、準備の整え方、電話の応対、メンバーとのコミュニケーション、粘り強さ、とりかかりの速さ、相手の問題に親身になれる共感力など、本当にいろんな要素があります。

もしかしたら、その人の好み、趣味も大きなセールスポイントになるかもしれません。野球が大好きな人が、営業先や取引先の人と趣味の話で盛り上がり、仕事にいい影響を与えたなんて話はどんな世界にもあります。

その「野球好き」というのだって紛れもない長所なのです。

その「隠れた長所」「本人すら長所と感じていない長所」を引き出し、認め、少しでも仕事に役立てられるようサポートしたり、一緒に考えていくのが上司の仕事です。

これは「部下に誠実な関心を持つ」というところにも通じる部分ではないでしょうか。

ただ「業績がいい」とか「真面目に働いている」といった部分だけでなく、もっと広く、人間として部下を観察し、興味を持ち、さまざまな要素について話し合えるようになれば、より効果的な育成方針、コミュニケーションスタイルが見えてきます。「長所」を見つけ、共有していくことで、新しい段階に進むことができるのです。

point

部下の「仕事への姿勢」「電話応対」などをしっかり見る

やる気をグングン引き出す「火のつけ方」

人は心に火がつくと本気になる。

リーダーが部下の心に火をつけることができれば、それだけ本気を引き出すことができる。とても単純な原理です。

ただし、この「火のつけ方」が問題となってきます。

たとえば、「今月中にこれだけの成績を残さないと、クビにするぞ!」というのも1つの「火のつけ方」です。確かに部下は奮起するかもしれません。

しかし、そんなプレッシャーのかけ方では、人間が持つ「本来のやる気」「本当のモチベーション」にはつながらないでしょうし、「正直で、助け合える組織」にもなりません。

そこで私がいつも意識していたのは**「どうしたら『自分ごと』になるだろう」**という視点です。この「自分ごと」にするというのが、言ってみれば「正しい火のつけ方」だと思っています。**「これは自分の仕事だ」「自分がやらなければならないんだ」という使命感や責任感が芽生えれば、それだけ人は一生懸命になるからです。**

問題は、どうしたら「自分ごと」にできるのか。

そこがリーダーとして頭の使いどころです。

以前、こんなことがありました。私がある重要な会議で発表をしなければならないので、一人の部下にその資料の作成をお願いしました。私の持ち時間は5分。伝えるべき内容の打ち合わせをして、後の詳細に関してはすべて彼に任せました。

数日後、彼が発表用の原稿を持ってきてくれたのですが、これが見事に使えない。資料はしっかりしているし、必要な内容はとりあえず揃っている。資料を見れば、彼がそれなりに一生懸命作ってくれたことはわかります。

ところが、その内容は膨大過ぎて、とても5分では発表できない。そんな根本的な欠陥があったのです。

これこそまさに「他人ごと」だと私は思いました。彼が一生懸命やってくれたことは認めます。しかし、発表する人の立場になり、この資料を使ったら本番でどうなるのかがリアルに考えられていないのです。

私はその原稿を見ながら「どうしようかなぁ」と思案していたところ、本当に偶然なのですが、その重要な会議の日に、さらに大事な出張の予定が入ってしまったのです。

私は会議に出席できなくなり、当然、発表もできないという事態になってしまいました。

そこで私は資料を作ってくれた彼を呼び、「申し訳ないけど、私の代わりに会議で発表してくれないか？」とお願いしました。

もちろん彼は面食らって**「えっ、僕が発表するんですか？」**と驚いた声を上げます。

「本当に申し訳ないんだけど、別の出張が入って、どうしても出席できなくなっちゃったんだよ」と私が説明したら、彼としても断るわけにはいきません。

すると、彼は「わかりました。では、以前お渡しした資料を全部返して下さい」と言って、なにやら作業を始めました。

数時間後、発表の準備がどうなっているのかが気になって彼の元へ行ってみると、これが驚くほど整理された発表用資料ができあがっていたのです。5分という制限時間を計算し、必要な情報と、そうでないものがより分けられ、導入から結論に至るまで、きれいな流れができていました。その資料を見たときは呆れを通り越してちょっと笑ってしまいましたが、これが「自分ごと」の威力なのです。

彼の名誉のために言っておきますが、私のために資料を作るときだって、彼は手を抜いていたわけではありません。そもそも、そういうタイプではないのです。

「自分ごと」になっていなかったために「本当に大切なことは何か」「どんなことが求められているのか」という部分を、リアルに、真剣に考えることができなかったのです。

「権限委譲をして、任せることが大事」とよく言われますが、その目的の1つは「自分ごと」にすることです。どうしたら「自分ごと」として、正しくプレッシャーをかけられるか。いかにして「自分の仕事」としてリアリティを持たせられるか。ここがリーダーの腕の見せどころです。

point

あらゆる仕事を、「他人ごと」から「自分ごと」に変えていく

この「質問」で、部下がどんどん動いてくれる

先ほどの項目に関連して、**仕事を「自分ごと」にするための、リーダーの「ちょっとした言い方」「質問の仕方」**について、お伝えしていきます。

私は支店長時代、部下である営業所長たちに「事務所に閉じこもってないで、現場に出ることが大事ですよ」と何度も話していました。

しかし、そういう言い方ではなかなか人の行動は変わりません。

要領の良い営業所長になると、自分の部下たちから現場の話を聞いて、あたかも自分が現場に出ているかのような報告を上げてくるわけです。

そこで私はちょっと工夫を凝らしました。あるとき、各営業所長に「来月は私自身が販売店のオーナーさんにあいさつしに行きたいので、お世話になっている販売店、交渉が難

航している販売店などに連れて行って下さい」とお願いしたのです。

すると営業所長たちは「わかりました。さっそく現場の担当員にスケジュールを調整させます」と言います。

そこで私は**「いやいや、現場の担当員も忙しい最中なので、営業所長である、あなたが案内して下さい。よろしくお願いします」**と伝えました。

そんなことを言われたら営業所長たちは慌てます。

普段から現場へ行って、オーナーさんと顔なじみになっている営業所長は何も慌てることはありませんが、事務所に閉じこもっている人は現場への道も知らなければ、販売店の店主、オーナーとも面識がありません。そんな状況で、支店長（つまり私）を連れて行くわけにはいきません。オーナーさんに会ったとき、「初めまして」なんてあいさつをされたら、営業所長が現場に出ていないことがバレてしまいます。

この私のひと言によって、営業所長たちがせっせと現場に出るようになったということがありました。

これはあくまで一例ですが、この「ちょっとしたアプローチの仕方」こそ、リーダーが知恵を絞るポイントだと私は思うのです。

たとえば「チーム内で、良いところはお互い真似し合う文化を育てたい」と思ったとき、「良いところは真似しましょう」と言っても、なかなか状況は変わりません。

どうせやるなら、週の終わりにリーダーであるあなたが「今週は、誰の、どんなところを真似した？」と聞いてまわることです。日報に「誰の、何を真似したか欄」「アイデアをくれた人への感謝の欄」を作るのもいいでしょう。

「どうしたら行動を引き出せるか」。そして、いかにして「その行動（事実）」に則してコミュニケーションができるか。これが非常に大事なのです。

「人の良いところを真似していますか？」とリーダーが聞けば、誰だって「はい、しています」と答えます。していなくたって「しています」と答えておけばいいのです。

しかし、「誰の、何を真似しましたか？」と聞かれるとなれば、部下たちだって「今日は、誰の、何を真似しようかな」と考えるようになります。そうやって考える習慣が身についてくれれば「他のメンバーはどんな行動をとっているのかな？」「誰の、何を真似すればいいかな？」と活発に情報交換をする土壌が育まれていきます。

そのきっかけを作っているのは、リーダーが発する「今日は、誰の、何を真似した？」という、たった1つの問いかけです。

とてもシンプルで、簡単なことのように感じますが、この1つの問いかけについて、リーダーは徹底的に考え、工夫を凝らさなければなりません。

何を、どう、どのタイミングで質問すれば、部下にとって「自分ごと」となり、正しくプレッシャーをかけられるのか。ぜひともそこを考えて下さい。

偉そうに、厳しく言ったって、人は動いてくれません。仮に動いてくれたとしても、決して長続きはしません。大事なのは、部下の「自分ごと」となり、行動変容を促す「小さなアプローチ」なのです。

point

部下が主体的に動く「問いかけ」を、日ごろから考えておく

「始めたこと」をほめる。「途中経過」をほめる

人を育てるには「ほめることが大事」とよく言われます。

問題は「どこを、どうほめるのか」。この部分で多くのリーダーは悩んでいるわけです。

なぜ、そんな悩みが生じるのか。それは、**ほとんどのリーダーが結果をほめようとしているからです。何と言っても、結果が一番ほめやすい**ですからね。

業績の一覧表があって、トップの成績を収めた人をほめる。じつにシンプルで、わかりやすい構図です。あるいは、先月は目標達成度が50%だったのに、今月は70%になった人をほめる。これもよくあるケースでしょう。

しかし、それだけに囚われてしまってはいけません。なぜ結果だけに終始してはいけないかというと、人は常に成長し、わかりやすい変化を示すわけではないからです。

たとえば、あなたが受験勉強をしていたときのことを思い出して下さい。日々勉強し、

相応の知識を蓄えれば、それだけ試験でいい点がとれたでしょう。

しかし、受験勉強を続ける過程には「いくらがんばっても、なかなか成績が上がらない」という時期があったはずです。以前と変わらず努力しているのに結果が出ない。言うなれば、成長の「踊り場状態」です。

厳密に言えば、この苦しい時期にも人は成長しているのですが、目に見える形で表出しないので、他人にも、自分にも、その成長を実感することができません。**この一番つらい状況のときこそ、上司やリーダーのフォローが必要**です。

私が営業所長をしていたころ、なかなか成果を上げられない一人の部下がいました。JTの新商品を扱ってもらえるように、必死で販売店をまわっているのですが、思うように成果が出ない。その部下はそんな日々をけっこう長く過ごしていました。

そこで私が彼の営業データを確認してみたところ、彼には営業によく行く販売店と、まったく行っていない販売店があることに気づきました。

簡単に言えば、店主が優しいところへは行くけれど、ちょっと厳しい店主のところへは行くことができない。彼はそんなタイプだったのです。

その際、「苦手な相手のところへも行けよ」「それが仕事だろ」と厳しく言うのは簡単ですが、そんな言い方をしても萎縮するだけの話。

といって、「苦手な相手のところへも行かないと、業績につながらないぞ」と正論を述べても意味がありません。そんなことは彼が一番承知しているからです。


そこで私は「あの店主はちょっと怖い人だから、なかなか行きにくいよな」とさりげなく彼に話しかけてみました。

すると彼は「そうなんですよ。行かなきゃいけないとは思ってるんですが、それがなかなかできなくて……」と言います。

「なるほどなぁ。そんな相手にいきなり営業かけようっていうのも難しいだろうから、**まずは手始めにスモールギフト（販売店などに渡すちょっとしたプレゼント）を持って、軽くあいさつだけでもしてくればいいいんじゃないか**。一人で行きにくいなら、オレが一緒に行ってもいいぞ」と私は提案してみました。

その言葉を聞いた彼は「いえ、それなら一人でも大丈夫です」と言って、彼はその苦手な店主の店にも行くようになりました。

もちろん、ただあいさつに行くだけでは業績はまったく上がりません。

ですが、私は彼から「その店へ行った」という報告を受けた際には本気でほめました。

スモールギフトを持っていくだけとはいえ、苦手な店主に会いに行くのには相当な勇気が必要だったはずです。「あいさつだけ」という過程を経て、何度も顔を見せに行けるようになり、人間関係ができていき、いずれは営業としての成果が出るかもしれません。

事実、彼はそれをきっかけにその販売店に足を運べるようになり、店主のニーズをしっかり聴くことで信頼を得て、大きな成果を出せるようになりました。

その**過程を認め、ほめることもリーダーの大事な役割**なのです。

部下というのは、本当に見えにくいところでさまざまな悩みを持ち、小さなチャレンジをしているものです。「これまでずっとダメだったから、今日はこんなことをしてみよう」と小さな工夫をしている部下はたくさんいます。

そうやって「何かを始めたこと」「結果には至っていない途中経過」に気づき、ほめる習慣をぜひ身につけて下さい。

業績、成績というのも、もちろん大事な「事実」です。しかし、数字には表れにくいプロセスをいかに見える化して、部下と上司で共有するか。すなわちそれが「事実に基づくコミュニケーション」となるわけです。

そんな仕組み作りをするためにも、まずは上司が「プロセスを大事にする」「始めたことをほめる」「途中経過もきっちり評価する」という意識を持たなければなりません。

結果をほめるのもいい。成長を評価するのも、もちろんＯＫ。

しかし、**「結果が出ない」「成長を感じられない」というときこそ、より集中して、部下の思いや行動に寄り添ってみて下さい**。物理的に近くで仕事をするというだけでなく、少し離れた場所からでもいいので、細やかに部下を観察してみて下さい。成績表には表れない「事実」「プロセス」が必ず隠れています。

point

結果（業績）だけをほめていませんか？

結果だけでなく、「途中経過」もほめる

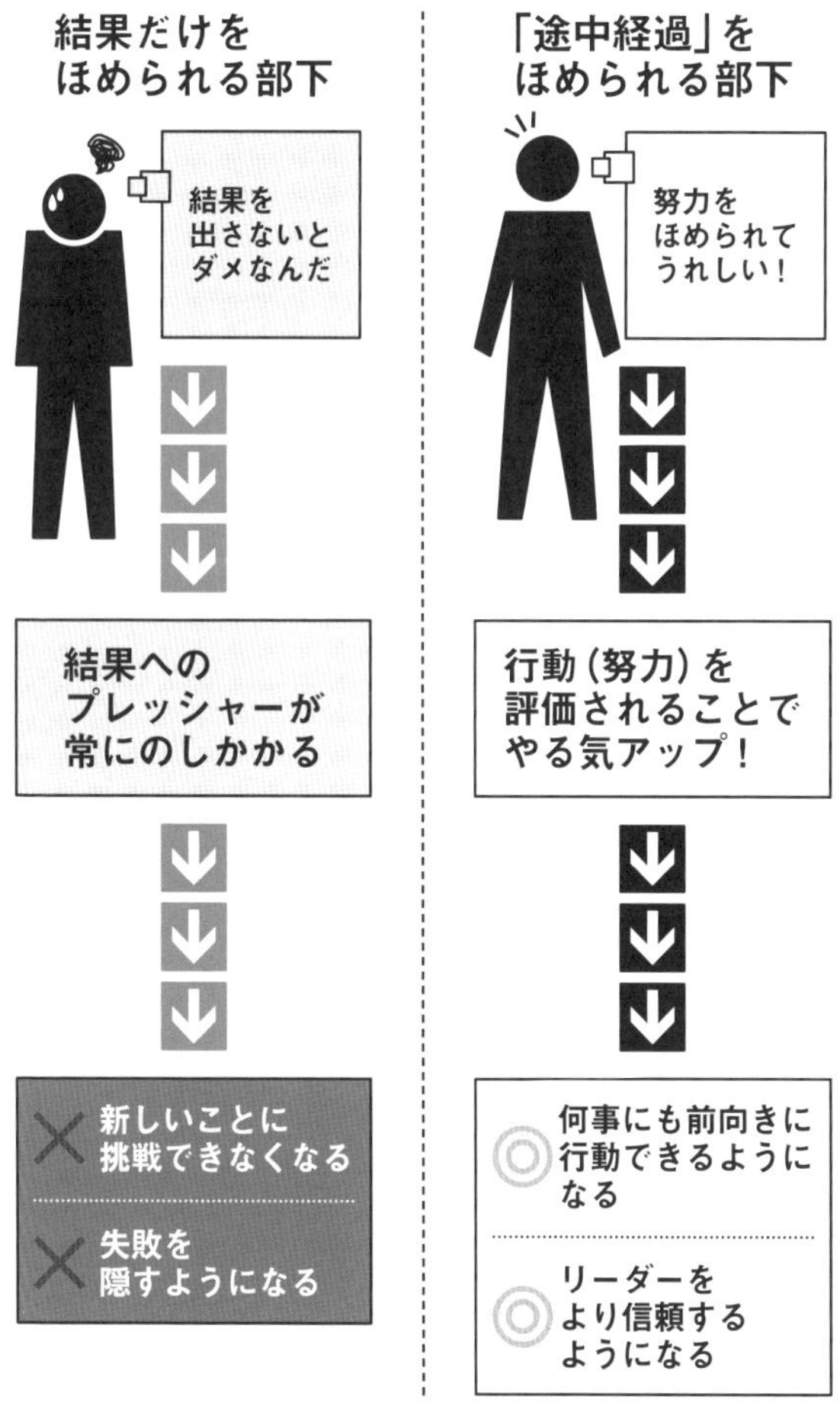
結果だけを
ほめられる部下
結果を
出さないと
ダメなんだ
結果への
プレッシャーが
常にのしかかる
新しいことに
挑戦できなくなる
失敗を
隠すようになる
「途中経過」を
ほめられる部下
努力を
ほめられて
うれしい！
行動（努力）を
評価されることで
やる気アップ！
何事にも前向きに
行動できるように
なる
リーダーを
より信頼する
ようになる

ときには見守りつつ、じっと待つ。ぐっとこらえる

私が最初にリーダーとなった広島県の三原営業所にOくんという部下がいました。彼は私が工場勤務していたころの後輩で、初めから彼は私を慕ってくれていました。ただ、彼自身はもっと都会の営業所から三原に異動してきたという経緯もあって「自分は左遷されたんだ」と仕事に対するやる気を失っていたのです。

私はリーダーとして、そんな彼にどんな接し方をしようか本当に悩みました。もともと人間関係ができているものですから、「もっとしっかりやれよ!」と厳しく言うこともできますし、同行営業をして優しくフォローすることもできます。

しかし私には、どのアプローチがベストなのか、なかなか判断できませんでした。

そこで**私がとったのは「待つ」という選択**でした。仕事に関して、特に具体的な指示を出すわけでもなく、叱咤激励をすることもしない。

といって、ただ放っておくのではなく、彼が疲れているようであれば「疲れてるみたいだけど、大丈夫か？」とさりげなく声をかけましたし、彼の母親が病気だと聞けば、本屋で病院に関する本を探して「○○病院にいい先生がいるみたいだから、一度行ってみたらどうだ」などの提案をしたりしていました。

そんな関係を続けているうちに、彼は徐々にやる気をとり戻し、仕事にも本気でとり組むようになっていきました。

当時の私の行動がリーダーとしてベストだったかどうかはわかりませんが、「じっと待つ」というのも決して間違いではなかったと思っています。

ちなみに、それから何十年も経った今でも「あのころは母のことまで心配してくれて、本当に嬉しかったです」と、彼は昨日のことのように涙ぐんで話してくれます。

リーダーが「待つ」という選択をするときには、部下に対していつも以上に慎重に、感度高く観察し、誠実な関心を持つことが必要です。

上司として部下の対応に迷ったときは「じっと待つ」というのは決して悪い選択肢では

ありません。ただしそれは「ただ待っている」というのではなく、慎重かつ丁寧に見守るということです。少し離れたところから、つかず離れず、見守ってやる。これが私の言う「待つ」ということです。

丁寧に観察してみると、部下がどんな思いを持っているのか、あるいは、どんな状況に追い込まれているのかが徐々にわかってきます。

あなた（上司）に言われたことが、本当は理解できず、悶々《もんもん》としているのかもしれませんし、目の前の仕事や問題に追われるあまり、行動を変えることができずにいるのかもしれません。あるいは、失敗が怖くて最初の一歩が踏み出せないのかもしれません。

部下のそんな状況に対して、上司が手を貸し、打開するという手もあります。でも、もう少し時間をかければ、本人が理解を深めることもあるでしょうし、自分の力で状況を変えることができるかもしれません。

そうやって自分の力で乗り越えるとき、人は大きく成長します。その成長を促すためにも、リーダーはじっと待つことが必要なのです。私の言う「あえて、自分の優秀さをアピールしない」という部分にもつながってきます。

「じっと待つ」とは、一見すると何もしていない「楽な行為」に見えますが、とてもつらいものです。厳しくも優しくもせず、ただじっと待つのは、実にしんどい時間です。

部下の理解や変化を「待つ」ためには、リーダー自身に余裕がなければなりません。

リーダーがチームの業績について焦りを感じていたり、自分の上司からの評価を気にしてプレッシャーに押しつぶされそうになっていたら、とても部下の成長、変化を待つことなどできません。あるいは、上司自身が忙しすぎて、心身ともに疲弊し、ゆとりを失っていたら、ゆったりと待つことなどできるはずがありません。

あなた自身もさまざまな事情を抱え、大変だとは思いますが、ぜひとも「待てるリーダー」になって欲しいと思います。あなた自身が忙しすぎるのだとしたら、ぜひとも自分の仕事を整理し、時間管理を変えるなどして、あなた自身が余裕を持つようにして下さい。

point

丁寧に観察することで、部下の思いがわかってくる

「要注意人物」が、トップ営業マンに変わった瞬間

リーダーや上司の中には「うちの部下はやる気がない」と言う人がいます。

そんなリーダーたちが言うように、中にはやる気を失っている人もいるでしょう。

しかし、**どんな人だって「生まれつきやる気がない」のではありません**。何かのきっかけで仕事へ向かうモチベーションを失ったのかもしれませんし、何らかの事情を抱え、仕事に集中できないだけかもしれません。

いずれにしても、「やる気がない」という状況には必ず事情や理由があります。

言うまでもなく、部下にやる気を起こさせるのは上司の仕事です。つまり、上司というのは「やる気がない」という状況を叱責するのではなく、「部下がやる気を失っている本当の理由」に目を向け、やる気を復活させるきっかけを探さなければなりません。

私が営業所長になりたてのころ、前任の所長からの引き継ぎ書類の中に、ある部下の評

価として、こんなことが書かれていました。

Cくんは子どもが通う学校でPTA会長をやっていて、プライベートが忙しい。そのため**仕事を疎かにすることが多く、ネガティブな発言や態度でチームの足を引っ張る要注意人物。**

そんなことが書かれていたせいもあって、しばらくCくんを注意深く観察していたのですが、確かに仕事に集中していないようなふしが見受けられます。露骨に手を抜いているわけではありませんが、おせじにもモチベーションが高いとはいえない状態。そんな印象を私も受けました。

ある日、Cくんが私のところへやってきて「所長、今日は残業でミーティングがあると聞いたのですが、私は残業できません。ご存じかどうか知りませんが、私はPTAの会長をやっていて、その会合があるので残業するわけにはいかないんです」と言いました。

強ばった表情をして、有無を言わせぬ強い口調で、私にそう告げたのです。

そのとき、私は「Cくんは PTA 会長やってるんだってね。その話は聞いてるよ。PT

Aの会合なんて、いろんな意見が飛び交って、まとめるのは大変でしょ。誰でもできることじゃないし、そんな大役をやっているなんてホントすごいね。もちろん今日は定時に帰っていいよ。PTAの会合、がんばってね。みんなには僕のほうからも話しておくよ」と言いました。

すると、Cくんは目を見開いて私を見た後、「仕事も絶対に疎かにしません。ありがとうございます」と言って帰って行きました。

それからの彼はまさにその言葉通り、本気で仕事にとり組むようになりました。もともと実力もあったのでしょう。半年後に彼は、全国に何千人もいる営業部員のトップ5に入る活躍を見せ、表彰されるまでになったのです。

そのお祝いの席で、私が彼に「本当によくがんばってくれてありがとう」と言うと、彼はぼろぼろっと大粒の涙をこぼし、私の手を固く握りしめてくれました。

「所長のおかげなんです。もともと仕事を疎かにするつもりはなかったんですけど、**前任の所長から『オマエは仕事とプライベートのどっちが大事なんだ!』と叱責**され、最初は申し訳ないと思いつつも、上司に状況を理解してもらえず、段々とやる気がなくなっていったんです。そんなとき浅井所長が『PTA会長の仕事をがんばれ』って言って下さって、もう一度仕事もないがしろにせずにがんばろうって気持ちになれたんです」

そう彼は心情を語ってくれました。

もともと彼は仕事に対しても十分なやる気を持っていたのです。ただ、**プライベートが忙しく、その状況を上司に理解してもらえないことに苦しみ、やる気を失っていた**のです。

私が彼にしたことといえば、ＰＴＡの会長を任された素晴らしさ、大変さを想像し、「大変だけど、がんばってね」と共感し、応援しただけのことです。具体的に、何かアドバイスをしたわけでも、特別なサポートをしたわけでもありません。

でも、そうやって「上司が認めてくれた」というだけで、Ｃくんは本来のやる気をとり戻し、周囲が驚くほどの業績を叩き出したのです。

あなたの側にも「やる気のない部下」がいるかもしれません。そんなときは「こいつはダメだ」と決めつける前に、「やる気を失っている原因」を考えてみてあげて下さい。

point
「生まれつき、やる気がない人」なんていない

「契約がとれるまで帰ってくるな」と突き放した日

私がある営業所の所長だったころ、なかなか業績が上げられずに苦しんでいる一人の若い営業部員がいました。

それなりにやる気はあるのですが、もうひとつ、がんばり切ることができない。その「やり切る」という部分が不足しているために、いくら時間をかけて営業へ行っても、何の成果もなく事務所に戻ってくるという日々が続いていました。

どうしたらその部下がひと皮むけ、営業部員としても、人間としても成長してくれるだろうか、と私はとても悩みました。

そして、あるとき**「今日は、自動販売機の枠が1つとれるまで、事務所に帰ってこなくていいからな」**と私は厳しく言い渡しました。

たばこの営業では、コンビニや販売店の前にある自動販売機の「1つの枠」をとってくるのも大事な仕事です。とはいえ、自動販売機のたった1つの枠の話です。他の営業部員にしてみれば、それほど高いハードルではなかったと思います。

しかし、**その彼にとっては簡単なことではありません**。どうしても気持ちの弱さが出てしまうので、販売店のオーナーさんにもう一押しができないのです。

だから私は思いきって「1つとれるまで、帰ってくるな」と突き放しました。

その日、夕方遅くになって彼が事務所に帰ってきたとき、すかさず私が「1つ、とれたのか?」と聞くと「すみません。とれませんでした」と彼は言う。

私は「とれるまで、帰ってこなくていいって言っただろ」と言って、再び彼を突き放しました。

一般的に見て、こんなやり方は時代錯誤のマネジメントと笑われるかもしれません。でも、私はどうしても彼を成長させたかった。私にもっと優れた手腕があって、彼を成長させられることができるのなら、それに越したことはありません。しかし、**当時の私に**

は、彼を厳しく突き放しつつ、祈りながら事務所で待つことしかできなかったのです。

それから1時間くらいして、再び彼が事務所に帰ってきました。

その表情を見て、私はすぐに「またダメだった」ということがわかりました。もちろん彼は「すみません、ダメでした」と報告します。

疲れ切った彼を突き放すのは本当につらいことですが、この状況で彼を許してしまったら何の意味もなくなってしまいます。私は心を鬼にして「だったら、もう一度行ってこい」と彼を追い出しました。

上司にそう言われてしまったら、彼は出て行くしかありません。目にはうっすら涙を浮かべ、今にも泣き出しそうな顔をしながら、再び彼は出かけていきました。

それからしばらくした後、彼の様子が気になってこっそり販売店を見に行ってみると、彼は泣きながらお店の床を雑巾で拭いていました。

その店のオーナーが厳しくて、少し怖い人であることは私も知っています。

そんな人を相手に、もはや彼には交渉の手段が何もなくなってしまったのでしょう。それでも自動販売機の枠をとらなければ、事務所に帰ることも許されない。

そんな板挟みに苦しみながら、彼はどうすることもできず、泣きながらお店の床を拭いていたのです。

私は胸が締めつけられるような思いでした。本当に自分のやり方は合っているのか、とんでもない過ちを犯しているのではないかと、何度も、何度も自問しました。

でも、ここで彼に優しくしてしまったら、彼が成長するきっかけを奪ってしまう。そう強く思い直して、その場を去り、事務所で待つことにしました。

それからさらに1時間くらい経った後、半分泣きながらも笑顔の彼が事務所に戻ってきました。そして、私の前に来て「所長、とれました」と報告してくれたのです。

確かに顔は疲れ果てていましたが、その目からは何とも言えない充実感が伝わってきて、私は本当に感激しました。

そして、もっと私が嬉しかったのは、その彼が帰ってくるまで、**チーム全員が事務所に残り、彼のことを待ってくれていた**ことです。彼が笑顔で帰ってきたときは、全員が大きな歓声を上げ、彼を胴上げするかと思うほどの勢いで彼の肩をバンバン叩き、がんばりを讃えていたのです。

その場面に感動し、私は涙が止まりませんでした。

彼ら、彼女らはみな、自分の仕事をしている振りをしながら、彼の帰りを待っていたのです。そして私のことも見ていたのです。このリーダーはどんな思いで、一人の営業部員と向き合っているのか。そんなことを考えながら、私のことをじっと見つめ、私の思いを感じとってくれていたのです。

この出来事は、当事者である彼にとってとても大きな転機だったと思います。事実、自信をつけた彼は、それを機会にひと皮むけて、業績を上げられるようになり、仕事も楽しくなったと言います。

そして、リーダーとして私が得たものもとても大きかったと感じています。**「一人の部下と本気で向き合う大切さ」「その姿勢をチームのメンバーが見ているという事実」**、そんなことを、彼との一件は私に教えてくれたのです。

チームの人数が増えてくれば、一人ひとりとじっくり向き合う時間が減ってくるのは仕方ありません。リーダーにも当然限界はあります。

しかしだからといって、落ちこぼれを放置していいということではありません。

むしろ、その一人と真剣に向き合い、「絶対にあきらめないんだ」という姿勢を示すことが、チームにとてつもない好影響を及ぼします。

はっきり言って、一人と真剣に向き合うのは楽ではありません。精神的にも、時間的にも、体力的にも、かなりの負担がかかります。「このやり方は正しいのだろうか」といつも激しく迷います。

でも、そこがリーダーのがんばりどころです。その**苦しさを受け入れて、自分たちに本気で向き合ってくれるリーダーなのか、スマートかつ効率的なマネジメントに終始するリーダーなのか**。その分かれ目を、メンバー全員が固唾をのんで見つめています。

あなたもリーダーとなったのなら、ぜひとも「落ちこぼれを作らないんだ」と覚悟を決めて、あきらめずに、徹底的に一人と向き合って下さい。

そんなリーダーが一人でも増えてくれることを、私は強く願っています。

point

どんなときでも「一人の部下と本気で向き合う」ことを忘れない

「性弱説」に基づいて、人と向き合う

ビジネスの現場にいれば、「仕事は仕事」「プライベートはプライベート」と線を引かなければならない場面があります。

しかし、目の前にいるのは同じ一人の人間です。プライベートで問題を抱えていれば仕事に影響するのは当たり前ですし、家庭にいざこざを抱えたまま「仕事に集中しろ」と言うのも無理な話です。

さらに言えば、その人が一人の人間として「どんなふうに育ってきたのか」「どんな親に育てられたのか」「どんな先生と巡り合ったか」「どんな上司と、どんなコミュニケーションをとってきたか」「どんな友だちがいて、どんな恋愛をしてきたか」など、さまざまな事情によって、その人が持つやる気や仕事への向き合い方は変わってきます。

上司はそのすべてに関心を向け、責任を持たなければならない、とまでは言いませんが、単に「仕事」という側面だけで、その人のすべてを判断すべきではありません。

前の項目で紹介したCくんのように「PTA会長の仕事が忙しい」という比較的見つけやすい理由もあれば、その人の生育歴、過去の上司とのコミュニケーション、職場で受けたいじめなど、発見しにくい要因もあるでしょう。

そんな部下と向き合っていれば、**どんなにリーダーががんばっても、やる気を示してくれないことは当然あります**。まったく心を開いてくれず、正直なSOSを発してくれないことは、私にだって何度も経験があります。

「本当に彼を成長させることができただろうか」「彼女には、何もできなかったのではないか」と自責の念に駆られることはいくらでもあります。

きっとあなたもリーダーである限り、そんな壁に必ずぶつかるでしょう。

でも、あきらめてはいけません。

そもそも、私は人間とは弱い生き物だと思っています。**「性善説・性悪説」という分類**

になならって言うならば「性弱説」が正しいのだと私は考えています。

ちょっとしたことで人は傷ついてしまうし、心に傷を負うと、相手を信じることができなくなる。また、正直になれず、チームにとけ込めず、仕事へのモチベーションも失くしてしまう。誰にでもその危険性は十分あります。

でも、あなたがリーダーとして寄り添い続けることで、その人が心を開いてくれるかもしれません。

正直で、助け合えるチームのメンバーがいたら、メンバーの誰かに悩みを打ち明け、正直なSOSを発してくれるかもしれません。

そう信じて、人として相手と向き合う。

それはリーダーとしてとても大事な使命だと私は信じています。

point

リーダーとして、部下に寄り添い続ける

「性弱説」に基づいて、人と向き合う

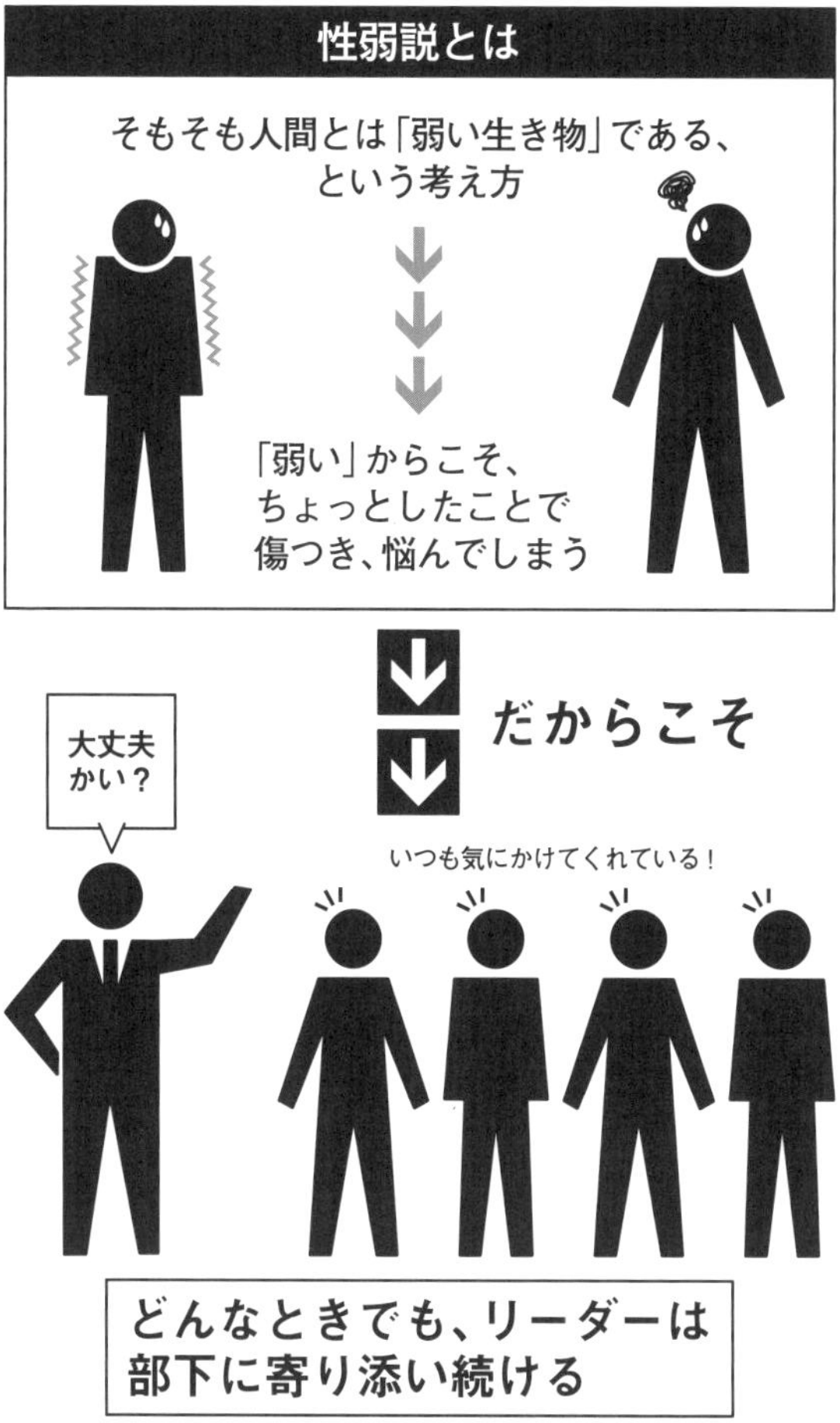
性弱説とは
そもそも人間とは「弱い生き物」である、という考え方
「弱い」からこそ、ちょっとしたことで傷つき、悩んでしまう
だからこそ
大丈夫かい？
いつも気にかけてくれている！
どんなときでも、リーダーは部下に寄り添い続ける

Chapter 3_SUMMARY

第3章

「一人」との向き合い方を「みんな」が見ている

まとめ

1 課題を抱えた部下との向き合い方をみんなが見ている

2 部下を育てたいときは、まず部下に相談してみる

3 「部下の良いところ」を意識的に見つける

リーダー5つのルール
5 rules of the leader

1 心がまえ
2 コミュニケーション
3 部下育成
4 マネジメント
5 チーム作り

4 業績以外の長所を見つけ出し、武器に変えていく

5 「これは自分の仕事だ」という使命感を、部下に与える

6 「結果が出ないとき」こそ、部下の行動をしっかり見守る

7 「やる気のない部下」には必ず理由がある

8 「性弱説」に基づいて、部下と向き合う

第4章

結果よりも、プロセス（行動）を見る

チェックではなく、「ケア」を行う

第4章では、マネジメント（組織運営）に関する話をしていきたいと思います。

よくマネジメントには「PDCA」のサイクルが大事だと言われます。Pとは「プラン（計画、戦略）」のことで、Dは「DO（実行、実施）」、Cは「チェック（管理、点検）」、Aは「アクション（改善、見直し）」を指します。

しかし私は、「PDCA」の「C」はチェックではなく「ケア」だと考えています。

チームとして、あるいは個人として目標を設定したり、計画を立てたら、次は行動に移す。すると、何らかの結果が出てくるのですが、その内容をチェックするだけでは「正直で、助け合える組織」は作れません。

大事なのは、その結果を受けてケアをすることです。

第4章では「事実に基づいて、どうやってケアをするか」という部分を語っていくのですが、何よりもまずリーダーには「チェックをするのではなく、ケアをするんだ」という意識を持って欲しいと思います。

たとえば、部下が何かで失敗したとします。

この際、**「失敗を発見し、相手に突きつける」のがチェック。「どうして失敗してしまったんだろう」と相談に乗り、一緒に考えるのがケア**です。

そもそも、人はチェックをする相手に対し、正直にはなれません。「上司にチェックされている」と思えば、自分が抱えている問題を隠し、できるだけ「良い面だけ」を見せようとする。ごく当たり前の反応ではないでしょうか。

一方、本当の意味で「ケアしてくれる人」には、自分の弱みをさらけ出し、助けてもらおうと思います。上司と部下の関係はこのようにあるべきです。

point

失敗・問題を突きつけるのではなく、原因を一緒に考え、寄り添う

結果ではなく、プロセス（行動）がすべて

本章のメインテーマは「事実に基づく」マネジメントです。そこでこの「事実」という言葉について、きちんと確認しておきたいと思います。

私はいろんなところで講演をしたり、セミナーをしたりするのですが、「事実に基づく」と言うと、「事実＝業績」と解釈され「業績を重視するんだな」と誤った理解をされることがあります。

もちろん業績も事実の1つです。

しかし、それが事実のすべてではありません。ここを誤解しないで下さい。むしろ私が強調したいのは**「業績に至るまでのプロセス（行動）」**という事実のほうです。

たとえば、ある営業マンが1カ月間に1つも契約がとれずにいたとします。業績だけを

見れば「評価できる事実」はまったくありませんが、1つの契約をとるためにはさまざまなプロセスがあり、その**プロセスの中には評価できるポイントがあるかもしれません。**

例を挙げれば、次のような感じです。

・相手にアポどりの連絡をした
・過去に契約をくれた人から紹介を受けた
・あいさつに行って、名刺交換をしてきた
・相手が何を求めているのかをリサーチしてきた

これらはすべて「契約をとる」という結果に至るプロセスです。

私は営業の世界で生きてきたので、営業を例に話をすることが多いのですが、業種が変わっても「結果に至るプロセス」が存在するのは同じではないでしょうか。

1つの企画を立ち上げる際に、マーケットの調査を行い、ライバル会社の動向を調べるのも大事なプロセスですし、プレゼン用の資料を作るために写真を撮るのもプロセスの1

つです。仕事によっては、アイデアを練るために本や雑誌を読むのだって重要なプロセスだと思います。

どんな仕事にも結果に至るまでに、多くのプロセスが存在しているのです。

ところが、この**プロセスというのはなかなかデータ（事実）として見ることができません。だから、多くのリーダー、マネジャーは「結果」というわかりやすいデータ、事実に基づいてマネジメントをしてしまう**のです。

ところが、結果だけを見てマネジメントをしようとすると、次のような問題が起こってきます。

たとえば1カ月間、1つも契約をとれていないAさん、Bさんという2人がいたとします。このうちAさんは見込み客100人と会って商談しているのに対し、Bさんは3人としか会っていません。

Aさん　見込み客100人と商談　↓　契約ゼロ

Bさん　見込み客3人と商談　↓　契約ゼロ

この2人、結果だけを見ればどちらも契約ゼロ。まったく同じ状況です。

ですが、この2人に対してリーダーが同じマネジメント、同じアドバイスをするとしたら、おかしいと思いませんか？

Aさんは「たくさんの人と会っているのに契約がとれない」という問題があるのですから、「効果的なプレゼン、商談の方法」を学ぶ必要があるはずです。

逆にBさんは「そもそも商談の数が少ない」という問題があるのですから、「とにかく多くの人と会うこと。そのための行動」が必要であることは一目瞭然です。

このように**「それぞれの人にとって、何が必要なのか、何が足りないのか」を正しく見極めるには、プロセス（行動）を把握することが欠かせません。**

つまり、リーダー、マネジャーには「結果」というデータ以上に「正直なプロセス」という事実が必要なのです。

私が「事実に基づく」と言っているのはまさにこの部分です。

結果だけを見るのではなく、結果を出すために必要とされるプロセス（行動）に着目し、それがどの程度できているか否かを、問いかけにより具体的、正確に把握して下さい。そして、その把握した「事実」に基づいて、できていないことをできるようにケアをする。

これこそ、私が本書で紹介するマネジメント法の根幹です。具体的な方法論については、次項からお伝えしていきます。

リーダー、マネジャーは「チェック」をするのではなく、「ケア」をする。ケアをするためには「事実に基づくこと」が大事。

その事実とは、結果・成果だけでなく、プロセスを含んでいます（むしろ、プロセスが大事）。この先で解説していく「事実に基づく」というマネジメント手法は、すべてこの考え方に則っているので、ぜひ覚えておいて下さい。

point

結果に至るまでのプロセス（行動）を把握し、ケアの材料にする

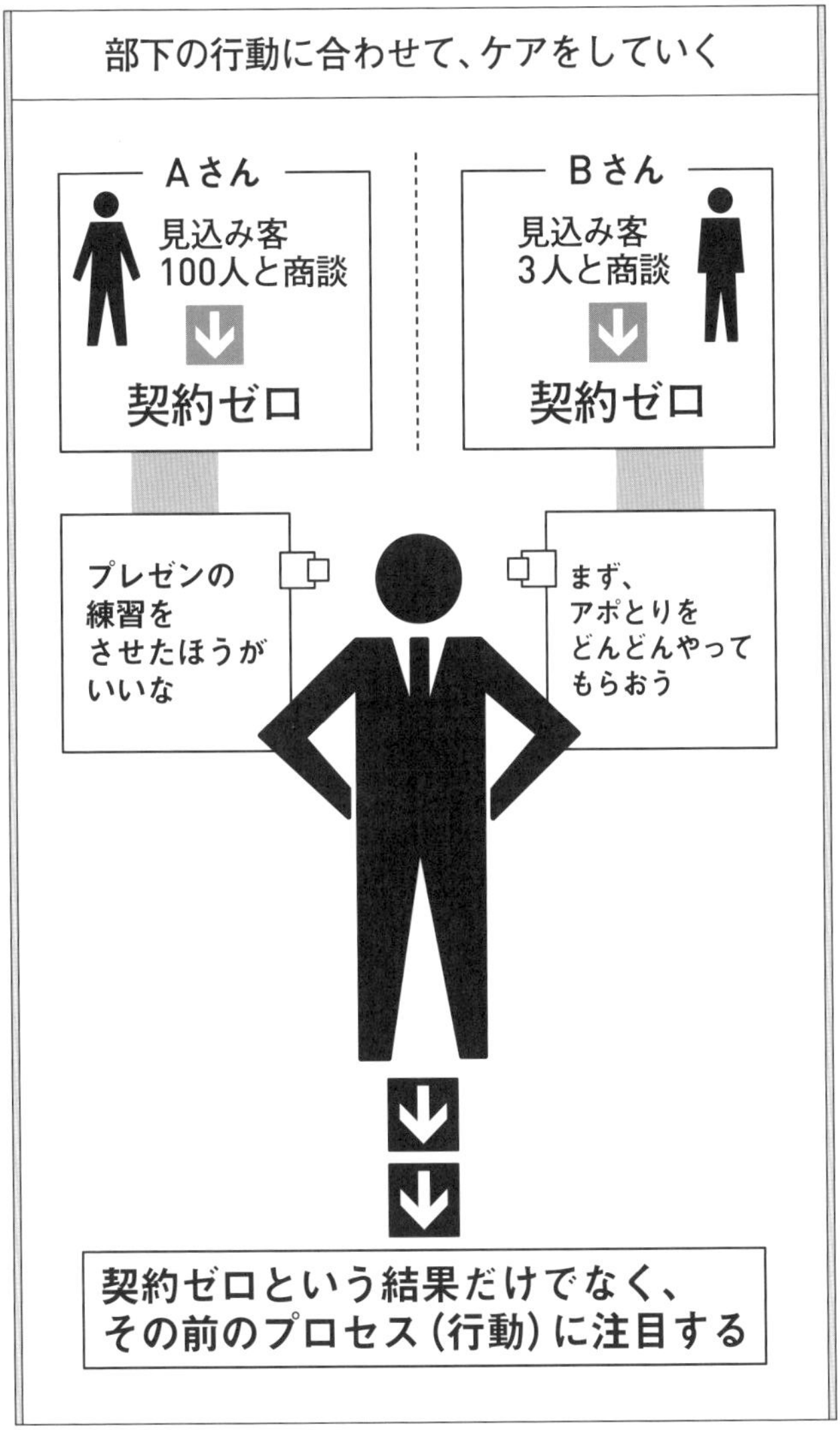
部下の行動に合わせて、ケアをしていく
Aさん
見込み客
100人と商談
契約ゼロ
Bさん
見込み客
3人と商談
契約ゼロ
プレゼンの
練習を
させたほうが
いいな
まず、
アポとりを
どんどんやって
もらおう
契約ゼロという結果だけでなく、
その前のプロセス（行動）に注目する

「販売戦略が一人歩き」。そんなときこそリーダーは？

事実に基づくことが大事。そして、その事実には「プロセス」が含まれるという話を前の項目で述べました。

ここでは「どの事実を大事にするのか」という話をしたいと思います。

会社組織というのは、本質的には「お客さまの満足を追求すること」を目的としています。経営者や経営幹部と呼ばれる人は、そのための戦略を考え、組織の下部へと伝達するのが仕事です。

ところが、その伝達の途中で**「お客さまの満足追求」が後まわしにされて、利益目標やそのための戦略の部分だけが一人歩きしてしまう**ことが往々にしてあります。

たとえば、会社が今後の売上向上を目指して「新商品を広めよう」という戦略を打ち出したとします。その新商品は利益率が高く、これまでと同じ数が売れれば、それだけ利益向上にもなる。すると、全国の支店や営業所に「できるだけ新商品を入れろ！」というお達しが本社から発せられます。どんな会社でもよくある、一般的な経営戦略です。

そんなお達しがくれば、支店長や営業所長のような人たちは「販売店に、新商品を扱ってもらうように営業をかけろ！」とメンバーに指示を出し、どれだけ新商品が入っているかのデータを集めようとします。

そして、その結果を本社に報告した際、新商品のとり扱い件数が多いところは「すごいじゃないか。君のところは優秀だぞ」と評価され、とり扱い件数が少ないところは「もっと新商品を扱ってもらわなければダメじゃないか」と叱責される。

実際、私が働いていた現場でも似たような話はいくらでもありました。

ところが、この話には肝心な要素、**会社本来の目的である「お客さまの満足追求」という部分が欠落**しています。確かに、会社の方針として「新商品のとり扱い件数を増やす」というのはいいでしょう。至極当然の戦略です。

しかし、それは手段であって目的ではありません。目的は、お客さまの満足を追求し、その結果として利益を上げることで、新商品のとり扱いを増やすことは手段に過ぎません。

こんな当たり前のことでも、各支店、営業所レベルに下りてきたときは、「新商品のとり扱い件数を増やす」という部分だけが一人歩きしてしまうのです。

私が新たに赴任した営業所でも、新商品のとり扱い件数ばかりが意識され、1個も売れていない銘柄が何カ月も放置されているなんて実態がいくらでもありました。

商品が1個も売れていないのに「あの自動販売機には新商品が10個も入ってるぞ」と大きな顔をしているのです。

何カ月間も1個も売れていない商品があるなら、その銘柄を入れ替える。

こんな誰にでもわかる「当たり前のこと」をせず、「新商品をとり扱ってもらおう」とみんなが躍起になってしまったのは、いったいなぜでしょうか。

その一番の原因は「どの事実が大事なのか」を理解せず、突っ走っていたからだと、私は分析しています。上層部の指令ですから「新商品のとり扱い件数を増やす」のは確かに大事です。それ自体はまったく間違っていません。

リーダーは現場の事実と向き合う

Case：本社の販売戦略が一人歩きする

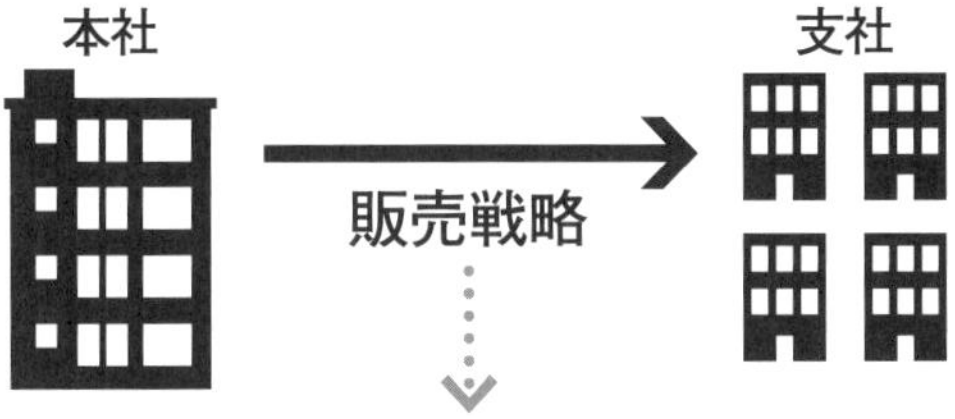

本社の販売戦略にとらわれて、
「お客さまの満足追求」という
会社本来の目的が後まわしにされた

↓

**そんなときこそ、
リーダーは…**

- **現場の事実と向き合って、何が起こっているかを把握する**
- **「利益を上げる」ためのアクションを考える**

しかし、それ以前に「お客さまの満足を追求する」という目的（大前提）がしっかり意識されていたら、そんな売れない商品を何カ月も放置するようなことはなかったはずです。だから、私はまず「3カ月間、まったく売れていない銘柄は何か？」という事実を大事にする、という方針を打ち出しました。

もともと、意識されていたのは「新商品のとり扱い件数は何件か」という事実。私が意識を促したのはお客さまのニーズが低く、「3カ月間まったく売れていない銘柄は何か」という事実。

つまり「どの事実を大事にするか」という視線の向きを変えたのです。実際にやることは至って簡単。営業部員たちに、それぞれの販売店で売れていない商品は何かを調べてもらう。すると、どの商品が売れていないのかが、はっきりとわかってきます。「じゃあ、その売れていない商品をどうしようか」とみんなに相談し、話し合いを開始する。これが「事実に基づく」というマネジメントの第一歩です。

point

「自分たちが大事にすべき事実」を常に意識する

強いチームは、この「視点」を持っている

単純な事実に向き合うと、次にやるべきことが見えてきます。

たとえば「この商品は3カ月間まったく売れていない」という問題が見えてきたら、今度は「この問題をどうしようか？」と、事実に基づき、みんなで話し合います。

すると「売れない銘柄はやめて、別の銘柄に入れ替えよう」という意見が出る一方で、「でも、この銘柄は本社の指令で入れた新商品なので、入れ替えることはできない」「じゃあ、どうしたらいいいんだ？」という話し合いになるわけです。

新商品は売れていない。

でも本社は「新商品をとり扱え」と言ってくる。

難しい状況です。これは私が経験した事例ですが、似たような状況はどんな職場にも起こってくるはずです。きっとあなたもリーダーとして、会社と現場という板挟みに苦しむ日がやってくるに違いありません。

ここで大事なのは「単純な二者択一に陥らない」ということです。

「こっちが正しくて、こっちが間違っている」という二者択一の発想になるのではなく、**「どうしたら、双方を成立させられるか?」「何か、いい方法はないか」という視点をチームに投げかける**のです。それこそがリーダーの役割だと私は考えています。

その二者択一にならない視点をチームに投げかければ、必ず方法は見えてきます。

先ほどの例に戻ります。銘柄をとり替えられないなら、ＰＯＰを貼るなどして、少しでもお客さまの目につくように変えてみる。または、販売員の方たちにひと言勧めてもらうようにお願いしてみる。

そして、そのアイデア（戦略）を実際に試してみて、1～3カ月後に結果を見る。

そのときに改めて「売れていない銘柄は何か」「以前、売れていなかった銘柄はどう変化したか」などの「事実」を確認するのです。

その話し合いでは、さらなるアイデアが必要かもしれませんし、場合によってはそのデータを本社に提供して、方針転換を提案する必要があるかもしれません。

いずれにしても、**正しい事実（自分たちにとって大事にすべき事実）に基づいて、話し合いをして、戦略を決め、実行してみる。**その結果について、ダメなら、もう一度話し合って、どうするかを考えていく。

このPDCAサイクルの起点となっているのは、いったい何でしょうか。

それは紛れもなく「正しい事実」。言い換えるなら、「自分たちが大事にすべき事実」ということです。チームにとって「どの事実を大事にするか」という部分が、すべての起点となっているのです。

point

「これが正しくて、これは違う」という二者択一の発想を捨てる

思考停止を起こすチーム、その原因は？

会社というのは、どうしたって上層部から「これをやれ」「あれをやれ」とあれこれ指示が飛んできます。組織の一員である限り、その方針に従うのが基本ですが、その際にチーム全員で思考停止になってはいけません。

そのためにはチームとして「どの事実を大事にするべきなのか」を徹底的に話し合い、決めていくことが必要です。ここがあやふやだと、会社からの指示・命令に対し、思考停止を起こしてしまいます。

そもそも上司、リーダーというのは、会社からの指示・命令を持ち帰ってくるのではなく、チームで話し合う「議題」を持ち帰ってくるのだと、私は解釈しています。

だから、私は会社から何かしらの方針が打ち出されたり、問題が発生した場合には「これ、どうしようか？」「これっていったい、どういう意味だろう」と上司も部下もなく、みんなで話し合いました。

話し合いの際、わからないことがあれば、みんなで知恵を出し合いますし、それでもわからない部分があるなら、その場で本社に電話をして教えてもらう。

そうやって話し合いをしていれば、**チームとして「何を大事にしていくのか」「どの事実に注目するのか」という柱がはっきりしますし、共有もされます。それがチームの「軸」となり、思考停止から守ってくれるのです。**

そして、その話し合いを価値あるものにするためには、みんなが自由に意見を言える雰囲気でなければなりませんし、それぞれが「お客さま満足の追求」という使命を常に意識する土壌がなければなりません。その上で、「どの事実が大事なのか」を話し合い、共有することができれば、自ずとチームは強くなります。

point

「チームとしての柱」を話し合いによって共有する

大事にすべき「基本行動」を決める

これまで「どの事実を大事にするか」をみんなで話し合い、共有することが大事だと述べました。あるいは、「結果だけでなく、プロセスを評価することが大事だ」ということも繰り返し述べてきました。ここからは、「プロセス（行動）を見える化し、評価するための仕組み」についての話です。

たとえば、業績を上げられない人に「結果だけでなく、プロセスも評価するからな」とリーダーが言ったところで、「いったいどんな行動をすればいいんだろう」「何が評価されるんだろう」と悩んでしまう人がほとんどではないでしょうか。

そこでまず、**チームのメンバー全員で「どんな行動が大事なのか」「目指すべき態度とは何か」を話し合い、チームとして「大事にする基本行動」を決めてしまう**のです。

「こういう行動はマル」「これをやれば評価される」という行動が決まっていれば、とりあえず「どんな行動を大事にすべきか」が明確になります。

ここで重要なのは**「基本的に誰でも実行でき、全員がないがしろにしてはならない行動であること」**です。

いくら紹介営業が大事だからといって「影響力のある大物と知り合いになって、紹介してもらう」なんてことを基本行動にしても、ほとんどの人が実行できません。

くどくどと説明するより、実際に私たちがどんな基本行動を大事だと決め、実践したかを紹介したほうがわかりやすいと思うので、いくつか挙げてみましょう。もっとも、これはたばこ販売の営業に関する基本行動なので、これら例を参考にしながら、自分たちのチームにとって「大事な基本行動とは何か」を話し合ってもらえればいいと思います。

・お客さま優先で、自分の車は邪魔にならないところへ駐車する
・訪問する目的を確認する（売れていない銘柄のチェック、など）
・自動販売機をきれいに拭く
・自動販売機に「売り切れ」「釣り銭切れ」のランプがついていないかを確認

・自社のＰＯＰが貼ってあるか。ＰＯＰはきれいで、見やすい状態かを確認
・訪問先の担当者にきちんとあいさつをして、会社名、自分の氏名を述べる
・訪問した目的、理由をきちんと相手に伝える
・店のオーナー、販売員さんに何か困っていることがないかを聞く

一例ですが、これらが私たちの話し合いで決定した「大事にすべき基本行動」です。

これらはすべて「やろうと思えば、誰でもできること」ばかりです。まずはこのように「どんな基本行動が大事か？」を話し合い、「これだけはしっかりやろう」というコンセンサスをとることが必要になってきます。

もちろんその話し合いの場では「僕はこんなことをやっている」「以前、こんなことをやったら先方に喜ばれた」といったノウハウがたくさん出てくるはずです。それらをとり上げ、吟味し「みんなでやってみよう」ということになれば必ずチームの力になります。

point

「どんな行動を大事にすべきか」をチームで話し合い、決める

プロセス（行動）をどう見える化し、評価するか

先ほどの項目で述べた「チームの基本行動」が決まったら、今度はその基本行動がきちんと実施されているかを確認する仕組みが必要です。

基本行動を決めて「みんなでやっていこう」と共有するのはとても大事ですが、それだけでは不十分。なぜなら、少し時間が経ってくれば、「自分なりの解釈が加わり、個々人が思い思いの行動を起こす」という状況になるからです。

大事なのは**「基本行動を実践しているか」という「事実」を見える化し、行動実践を促す仕組みを作る**ことです。

ここが「事実に基づく」というマネジメント最大のポイントです。

たとえば、「訪問目的が明確になっているか」という基本行動を実践するとします。こ

れは、営業の質を上げるためのとり組みです。「オーナーや販売員さんに、訪問目的を説明していますか？」と聞くだけでは、部下は「やっています」と答えるだけです。

これでは本当の意味で「事実に基づく」ことにはなりません。

そこでまたチームのみんなで話し合います。「どうしたら、基本行動を確認することができるか？」という議題について、いろんな意見を出し合うのです。

実際、私のチームでは「訪問目的が明確になっているか」という基本行動を確認するために、営業部員が毎日書く日報に「明日、訪問する店の訪問目的は何か」を書く欄を作りました。通常、日報というのは「今日あったことを書くもの」ですが、あえて私たちは「明日、どうするか」という未来視点に変えたのです。

すると当然、営業部員たちは「明日行く○○商店の訪問目的はなんだっけ？」と考えるようになります。これも話し合いによって、みんなで決めた方策です。

リーダーである私は、営業部員が「自ら考えて、訪問目的を書いている」という事実をほめます。そして、それをベースにコミュニケーションをとり、さらに訪問目的を深めて

いくのです。

「訪問目的」を日報に書いていない営業部員がいたら、朝の段階で「今日の訪問目的って何？」とその部下に尋ねます。これは別に叱責するためでなく、単に質問するのです。

すると、部下は「えっと、その～」とうまく答えることができません。

そうなったら訪問しても意味がないので「それじゃあ、今日は訪問するのはやめて、事務所に残って訪問目的をしっかり準備したほうがいいよ」とその部下に伝えます。

もちろん、その言い方も厳しいものではなく、ごく普通に伝えるだけです。

ただし、そこには「訪問目的が書いていない」「訪問目的が明確になっていない」という事実を突きつける厳しさがあります。

そして、事務所に残った営業部員が訪問目的を整理し、考えているなら、それはそれでＯＫですし、そこで迷っている様子なら**「その店の訪問目的がはっきりしないのか？ちょっとその店は難しいもんなぁ」などと声をかけ、ケアに入ります。**

これが事実に基づくケアです。すでに本書でも述べたように、販売店の店主が怖い人で「何を言えばいいのかわからない」という状況なら、「今回は、ちょっとしたプレゼントを渡して、先方の要望だけ聞いてくればいいんじゃないか。それが訪問の目的でも十分だろう」とアドバイスをすることもあります。

結果、それが訪問の目的となり、その店へ行くことができたなら、それで基本行動の1つはクリアです。

とても基本的なことですが、**「基本行動を決める」「基本行動の実施状況を確認できる仕組みを作る」「事実に基づいてケアをする」**というのが、私が考える、行動を引き出すマネジメントの基本です。

ここで紹介したマネジメント法には、いくつか重要なポイントがあるので、あらためて整理してみましょう。

・基本行動について話し合いがなされ、チーム全員で共有する
・その基本行動の実施状況について確認できる仕組みも、みんなで話し合って決める

結果だけではなく、プロセス（行動）も評価する

ステップ1
チームとして、
大事にすべき
「基本行動」を決める
ステップ2
「基本行動」の
実施状況を確認
できる仕組みを作る
セルフ
チェック
シート
日報
ステップ3
結果ではなく、プロセス（行動）に注目することで、
部下をケアするポイントが見えてくる
プロセス
そうだった
のか！
あの子はまず、
訪問回数を
増やすところ
からだな

・基本行動の実施状況（プロセス）をきちんと確認し合う
・基本行動が実施されていない場合には、「事実」に基づき、コミュニケーションをとる
・叱責するのではなく、「なぜ、できないのか」という部分を一緒に考え、ケアする

これが浅井流の「ＰＤＣＡサイクル」です。**基本行動を見える化するための材料（日報や報告書、セルフチェックシート、モニタリングシート）は部下をチェックするためではなく、「ケア」するためのコミュニケーション・ツール**です。そのことを忘れて「事実を突きつける」という厳しい側面だけに特化しないようにくれぐれも気をつけて下さい。

私もセミナーやワークショップなどを実施するなかで、いろんな会社の人から話を聞く機会があるのですが、多くの会社、職場にも「こうするべき」「こんな行動が大事」という行動規範、基本行動のようなものはあるようです。

つまり、基本行動そのものはきちんと決まっているのです。

しかし残念ながら、多くの組織ではその基本行動の実施状況を見える化する仕組みがな

く、行動そのもの（プロセス）を確認し合う意識が徹底されていません。

すると当然、評価の対象は「業績、成績」という部分に限定されてしまいます。結果というプレッシャーだけで「部下が育つか？」といえば、大いに疑問が残ります。

業績だけを見て、プロセスを評価できないというのは、「事実に基づいたマネジメント」ではありません。業績ももちろん大事ですが、同じようにプロセスも見える化し、評価する。その両輪が揃ってこそ、「事実に基づいている」といえるのです。

あなたもリーダーになったのなら**「プロセスをどう見える化し、評価するか」**という部分に徹底してこだわり、頭を使って欲しいと思います。

もちろん、自分一人で考える必要はありません。困ったときは部下を頼り、チームのみんなで「どんな行動を大切にするか」を話し合えばいいのです。

point

基本行動を決め、実施状況を確認し、しっかりケアする

部下が言い訳を始めたら、最大のチャンス！

部下が失敗をして、何かしらの言い訳を始めたら、たいてい上司は「言い訳するな！」と叱責します。叱責しないまでも、心の中では「言い訳なんかするなよ……」とほとんどの人が思っているでしょう。

しかし、これは大間違いです。部下が言い訳をするというのは、上司にとっては最大のチャンス。部下との関係を築き、本音を引き出し、ケアする絶好のチャンスなのです。

私の経験でも、業績が上げられない部下に「どうしてこの販売店では新商品を扱ってもらえないのだろう？」と聞いてみると、「いやぁ、あそこのオーナーは困った人で、まったく話を聞いてもらえないんですよ」という返事が返ってきたことが何度もあります。

そこで普通の上司なら「言い訳するな！　そこを何とかするのが営業マンの仕事だろ！」と言うかもしれません。

しかし、これではまったくケアになりません。

部下が言い訳をするというのは「何か言いたいことがある」という意思表示にほかなりません。その内容に説得力がなかろうが、無茶苦茶な論理だろうが、「言いたいことがある」なら、聞いてやるのが上司の役目。

なぜなら、ケアをするのが上司の仕事だからです。

だからこそ私は「そうか。そんなに困った人なのか。そりゃあ、オマエも大変だな」とたっぷり言い訳を聞きます。

すると、部下は気持ちよくなって「そうなんですよ、先週なんてあいさつしたのに無視されましたよ」とか、「新商品の話を始めた途端に、『帰れ、帰れ』と追い返されました」などと話すようになります。

言い訳であろうが何であろうが、部下が正直に話をするときというのは、上司にとっては最大のチャンスです。そこで私は「じゃあ、いったいそのオーナーっていうのは、どんな話だったら聞いてくれるのかな」とさりげなく水を向けます。

するとと部下は「自分の話はしたいみたいですけど、こっちの話は全然聞いてくれませんね」と言うので、「そうか。それじゃあ、あえて新商品の話とか、こっちの要望を話すのはやめて、オーナーがどんなことに困っているのか、何かお役に立てることはないかという感じで、相手の話をたっぷり聞いてくるだけでもいいじゃないか」などの提案をしてみるわけです。

あくまでも一例ですが、これがケアのやりとりです。


部下が抱えている問題、直面している壁を正確に把握したいと思うなら、とにかく「言い訳を聞くこと」が必要です。**その言い訳の中に「現場の真実」があり、「問題解決のヒント」が隠れている**ことをリーダーは決して忘れないで下さい。

上司は部下の言い訳を聞きながら、「そりゃ大変だな」と本気で共感し、「いったい、どうしたらいいんだろうなぁ」と一緒に考える。

これが基本スタンスです。上司には「一緒に考えつつ、部下に考えさせている」という絶妙なスタンスが大事なのだと思います。

とかく上司は「言い訳するな！　自分で考えろ」と言いますが、私の経験から言って、**部下が言い訳を始めたら、それをたっぷり聞いたほうが部下に考えさせることができます。**

部下の言い訳にたっぷりつき合い、共感しながら、少しずつ「じゃあ、どうしたらいいか」という方向へ話を持っていき、部下本人に考えさせる。

これがケアをしながら部下と向き合うコミュニケーションだと私は思っています。

そして、その入り口となっているのが部下の言い訳。

あなたは部下の言い訳を拒絶しますか？

それとも、それをチャンスと受け止め、良好な関係を築き、部下自身が考えるきっかけを与えますか？

リーダーの腕の見せ所です。

point

部下が言い訳を始めたら、喜んで聞く

リーダーに求められる「さりげなさ」とは？

私は常々、命令や指示、叱責よりも、**事実に基づく「さりげない質問」**が大きな効果を発揮すると思っています。

たとえば「自動販売機をきれいに拭く」という基本行動を徹底したい場合、多くのリーダーは「しっかり拭けよ」と指示や命令を出したり、拭いていない部下に対して「何で、拭かないんだ！」と叱責したりします。

そんなコミュニケーションが必要な場面もあるでしょう。

でも、もっとさりげなくて、効果的な方法があると私は考えています。

私は営業所長をしていたころ、販売店に出かけて行く部下たちの車を一緒に洗ったり、出かける準備を手伝っていたのですが、そのときよく「シュッシュはある？」と部下に聞いていました。

「シュッシュ」というのは、自動販売機を洗浄する液剤の通称です。スプレーで「シュッ、シュッ」と吹きかけるので、私たちの間では「シュッシュ」と呼んでいました。

出かける準備をしているとき、不意に私が「シュッシュはある？」と聞くと、部下は慌てて「シュッシュなら、ここに……」と言って車の中を探すのですが、出てくるのはたいてい空の容器のみ。

すると、部下は「あっ、ちょうど切れてしまってまして……」なんて言いながら、倉庫へ液剤の補充に向かいます。そして、そんなやりとりを見ていた他の部下たちもそそくさと液剤の補充に向かう。そんな場面がどの営業所でもありました。

「シュッシュ」の容器が空っぽなんですから、自動販売機を拭いてはいないでしょう。

でも、私はそのことを注意したりはしません。**「シュッシュある？」という私の1つの質問で「自動販売機をしっかり拭けよ」というメッセージは伝わります**し、実際に販売店へ出向いたときに、見える場所に液剤がしっかり入った「シュッシュ」があれば「ちょっと拭いていこう」という気になるものです。

出かける際に「シュッシュはある？」と聞くなんて本当に些細なやりとりですが、さりげなく効果的な質問をすることが、リーダーには意外に大事だと私は思います。

もちろん、そのためにはリーダーが出かける準備を手伝う、できるだけ現場に出て自動販売機がきれいになっているかを確認するなど、リーダー自身が汗をかくことも不可欠です。そんな姿を見せつつ、ふとしたタイミングで絶妙な質問をする。

そうやって部下の行動を引き出すことが大事なのです。このやりとりも、言わば「事実に基づくマネジメント」の1つです。

この際、私が大事にしていたのは「車の中にしっかりと液剤の入ったシュッシュがあるか？」という事実。**リーダーが「その事実を大事にしている」ということが伝われば、徐々に部下の行動は変わってくる**ものです。

point

自分が大切にしていることを、さりげなく伝える

部下を正直にさせるちょっとしたコツ

あるとき、会社全体に大手のコンサルティング会社が入って、営業のやり方について抜本的な方針転換を図ったことがありました。

その方策の1つとして、営業部員全員に「営業マニュアル」が配布され、「配布されたマニュアルを活用するように」というお達しが下りました。

それからしばらくして、マニュアルの活用度を調べるために本社がアンケート調査をしたのですが、そこでの質問は「営業マニュアルを活用していますか?」というものでした。

会社としてはマニュアルの活用度を確認するのは当然のことです。

しかし、現場で働く営業部員に対して「マニュアルを活用していますか?」と質問しても「はい、役に立ってます」ととりあえず答える人がほとんどでした。

残念ながら、この質問では会社が本当に知りたいデータを得ることができません。

そこでは私は個人的に**「営業マニュアルを活用していますか?」という質問の後に、「活用しているなら、具体的な項目番号を教えて下さい」という問いを追加**しました。

すると、本当に活用している人は番号を答えてきますし、実際に使っていない人はウソをつくわけにいかなくなります。

ちょっとしたことですが、このちょっとした差が意外に重要です。

では、どうしたら「事実を引き出す質問」ができるのか。

それにはまず現場を知ることです。それ以外に方法はありません。

「活用しているなら、具体的なマニュアル番号を教えて下さい」という質問をした背景には、「営業マニュアル」そのものが机の中に入れっぱなしで、現場に持参していないという状況を知っていたからです。

部下の行動を変えようとする際は、指示・命令でなんとかしようとするのではなく「どんな質問をすれば、もっとも効果的に事実を突きつけ、行動を引き出せるか」を必死で考えなければなりません。

だから、まずはリーダー自身が現場に出て、実情を知って下さい。

実情を知った上で、「効果的な質問」「行動変容を起こさせる、さりげないアプローチ法」を必死で考え、トライと検証を繰り返して下さい。

もちろん私だって最初から絶妙な質問ができたわけではありません。しかし、そこに意識を向けて努力を積み重ねると、どんどん質問の感度が高くなっていきます。

考え続け、チャレンジをやめなければ、あなたの現場にフィットする「絶妙な質問」を必ず見つけることができます。

point

現場を知ることで、「行動を引き出す質問」ができるようになる

「誰の、何のために働いているか」を意識させる

働く目的を意識する。

これはとても大事なことです。大事なことではありますが、なかなか明確に意識しにくいものでもあります。

実際、あなたが今まさに行っている仕事、作業が「誰の、何の役に立つのか」を明確に理解しているでしょうか。組織で働いていると、どうしても「本当の目的」を忘れ、なんとなく日々のルーティンとして仕事をしてしまいがちです。

そこを思い出すためにも「事実に基づく」というマネジメントが大いに役立ちます。

私が働いていた職場には、実際に外に出る営業部員の他に、その人たちをサポートする内勤部隊がありました。営業先のデータを集めたり、資料を作成して、営業活動の手助け

をする部署です。

あるとき、私はそのサポートメンバーたちに「あなたたちの仕事は、誰の、何のためにあるのですか？」と聞いたことがありました。

すると、「営業部員が業績を上げるためにやっています」との答えがすぐに返ってきました。まさにその通り。サポートメンバーは、営業部員が業績を上げるために仕事をしているのです。問題はここからです。

「では、実際にあなたたちの仕事は営業部員が業績を上げるのに役立っていますか？」と聞いてみると、ほとんどの人が「役に立っているはずですけど……」と自信なさげに答えます。もちろん、彼ら、彼女らだって仕事をサボっているわけではありません。むしろ一生懸命資料を作り、せっせと営業部員たちに渡しています。

ただ、その仕事が「本当に役に立っているのか」という事実を意識していないのです。

そこで私は、彼ら、彼女らに実際に営業所へ行って、営業部員に3つの質問をするように言いました。

1 私たちが提供した資料を今すぐ机の上に出せますか？

2 その資料には何かしらの書き込みがありますか？

3 その資料は役に立っていますか？

まず1つ目の問いかけとして、営業所へ行ったら「私たちが提供した資料を、今すぐ机の上に出して下さい」と言います。

これは実際にやってみた結果なのですが、サポートメンバーが作った資料がすぐに出てきたのは10人中3人。残りのメンバーは「あれ、どこいったっけなぁ」と資料の所在すらわかりませんでした。

続いて、その3人に対して「その資料には何かしらの書き込みや赤線、マーカーなどが入っていますか？」と聞いてみます。

すると、何かしらの書き込みがあったのはたった一人でした。残り2人の資料は、活用された形跡すら感じられない、新品の状態だったのです。

最後に、その資料を使ってくれていた営業部員に「この資料は役に立っていますか？」と聞いてみると、「部分的には役に立つけど、平均的な数値が載っているだけで、あまり役に立たない」との返答でした。

この3つの質問に対する返答に、サポートメンバーたちは愕然としていました。

それも当然です。自分たちが一生懸命作った資料について、7割の人が「所在がわからない」という状態で、残りの2割が使用せず、使ってくれていた1割の人でさえ「ほとんど使えない」という印象を持っていたからです。そんな現実を突きつけられれば、「自分たちは、いったい何をやっていたのだろう」と途方に暮れるのも当たり前でしょう。

しかし、その事実を知るところから本当の仕事が始まるのです。

その後、サポートメンバーたちは営業部員と密にコンタクトをとるようになり、**「どんな資料が必要なのか」「何を提供すれば、営業部員の役に立つのか」を積極的にリサーチし、考える**ようになりました。

まさに「誰の、何のための仕事なのか」を意識するようになったのです。

point

常に「この仕事は本当に役立っているか」を自問する

ＰＯＰで売上が倍増！　その理由は？

すでに述べたように、会社が「新商品のとり扱いを増やそう」と言えば、売上度外視で、まったく売れない銘柄を放置してでも新商品を広めるのに躍起になってしまう。

組織とは、そんな脆さを持っているものです。私のいた会社が特別なわけではないでしょう。つき合いのある会社では、みな同じようなことが少なからず起こっています。

さらに、日々の業務に追われている現場の人たちは、目の前の仕事をこなすことに精いっぱいで「誰の、何のための仕事だろう」「本当に、その人の役に立っているのか」ということをいとも簡単に忘れてしまいます。それを思い出させるのはリーダーの役割です。

以前、私のチームで「たばこの売上を伸ばすためにＰＯＰを作って商品に貼ろう」というとり組みを行ったことがあります。

「POPを作り、商品に貼る」という行動を決めたのですから、POPを作ったら、その時点でプロセスを評価します。しかし、そこで終わってはいけません。

いくらPOPを作ったところで、肝心の商品が売れなければ意味がありません。

事実、私の営業所でも、POPをたくさん作ったけれど、思うように売上が伸びないという壁にぶち当たってしまいました。

そこで今度は「POPを作っても売上が伸びなかった」という事実に基づき、「どうしたら売上が向上するか」という目的に即した、次の話し合いを開始しました。

その話し合いで出てきたのが「販売員の方に、ひと言勧めてもらえれば売上アップにつながるのではないか」という意見です。その意見にはみんなが賛同し、「どうしたら、販売員の方にひと言添えてもらえるか」という話題に移っていきました。

そこで出てきたのが**「お客さま向けのPOPに加えて、販売員さん向けのPOPを作ってみたらどうか」というアイデア**でした。販売員さん向けに、「この商品の特徴やウリ、セールストークのパターン」などをわかりやすく、目立つように書き記すのです。

結果、この「販売員さん向けＰＯＰ」は予想以上に効果を上げ、売上が向上するだけでなく、他の多くの営業所でも真似されるようになりました。

冷静に考えてみると、このアイデアの起点となったのは「目的に即した話し合い」です。原点である**「何のために、この仕事をやるのか」という視点を常に忘れず、チーム全員で何度も、何度も話し合った結果、このアイデアにたどり着いた**のです。

とかく職場というのは「このやり方でいこう」と一度決まってしまうと「それが誰の、何のためなのか」を忘れ、その作業に邁進してしまう傾向にあります。

しかし、どんなときでも目的に立ち戻る意識と柔軟性を備えていなければ、本当の成果は出ません。そのことを、あなた自身がしっかりと肝に銘じて欲しいと思います。

本書は「リーダーのための本」であり「営業の本」ではないので、あまり詳しくは述べませんが、「誰の、何のため」という部分を突き詰めていけば、最終的には「お客さまが喜ぶため」というところに行き着くと私は考えています。「業績を上げるため」という部分ももちろんありますが、その先に「お客さまの満足」がなければ、継続してうまくいくことはありません。

さらには、取引先などの関係各所の満足も重要です。私たちの仕事（たばこの販売）でいえば、実際に売ってくれるコンビニエンスストア、ドラッグストア、各販売店が喜んで動いてくれるようなことをしなければ、業績アップも、お客さま満足も望めないということです。

だから、私のチームでは**「どうしたらお客さまが喜んでくれるか」「どうしたら、販売店の方、コンビニの店員さん、ドラッグストアのスタッフの方々の役に立てるか」**を常に話し合い、アイデアを出し合ってきました。

その「目的に即した話し合い」と「トライと検証の繰り返し」が継続的な好業績につながったのだと私は思っています。

point

「お客さまが喜んでくれるか？」という視点を忘れない

Chapter 4_SUMMARY

第4章
結果よりも、プロセス（行動）を見る

まとめ

1 失敗・問題を突きつけるのではなく、原因を一緒に考え、寄り添う

2 結果に至るまでのプロセス（行動）をしっかり把握する

3 リーダーは、「現場の事実」と向き合い続ける

4 二者択一にならず、「どうしたらよいか？」を常に考える

5 チームとして大事にすべき「基本行動」を決めておく

6 部下が言い訳を始めたら、最大のチャンス

7 「現場」を知ることで、行動を引き出す質問ができる

8 「何のためにこの仕事をやるのか」という視点を忘れない

第5章

正直で、助け合えるチームを作る

大事なことこそ、腹心に話してもらう

第5章では「チーム作り」についてお伝えしたいと思います。

とはいえ、これまでに語ってきた「心がまえ」「コミュニケーション」「部下育成」「マネジメント」もすべてチーム作りにつながるものです。

そして、どんなチームを目指すかといえば、くどいくらいに述べてきた「正直で、助け合えるチーム」にほかなりません。これまで語ってきたことの復習をしつつ、チーム作りのポイントをいくつか紹介していきます。

最も重要なのは、**チーム作りをしていく際、リーダーは、「自分がチームを引っ張るんだ」「自分がチームを作るんだ」という意識を持ってはいけない**、ということです。

強いチームを作るのは確かにリーダーの仕事です。しかし、一人で何かをやろうとして

も限界がありますし、ほとんど空まわりに終わります。

「強いチームは、腹心をはじめ、メンバーみんなで作り上げるもの」

チーム作りは、この認識を持つことからスタートすると言っても過言ではありません。

あなたもリーダーになったのなら「こんなチームを作りたい」「こんな雰囲気にしたい」「こんな共通認識で仕事ができる集団にしたい」「こんな人間関係を築きたい」など、いろんな希望を持つでしょう。

すると、多くのリーダーがまるで所信表明演説のように、突然、自分の思いをメンバー全員に話して聞かそうとするのですが、そのやり方はあまりオススメできません。

いくら立派な演説をしたところで、チームにはチームの事情があるでしょうし、個人には個人の思いがあります。また、新たなリーダーを最初から信頼できるはずもないので、リーダーの思いなど伝わるわけがありません。

むしろ**最初にやるべきは、自分の思いを腹心に話し、腹心はどう思うかを聞くこと**です。

これはチーム作りの最初の段階に限らず、上層部の会議に出席し、その内容をチームに伝えるときも、何らかの問題が発生してその報告をチームにするときなども同じです。

とにかくまずは腹心に話し、その後の対処を相談する。これをパターンにしてしまうのがオススメです。


リーダーと腹心が情報や思いを共有したら、今度はそれをチーム全体に伝えていくのですが、その際の「話し手」はリーダーではなく、ときには腹心に話してもらいましょう。

普通に考えれば、リーダーがみんなに話すところですが、リーダー自身が話すことにはいくつかのデメリットがあることも認識しておくべきです。

まず、関係ができていないのにリーダーが前面に出すぎると、「あ、また新しいリーダーが方針を変えるんだな」という印象を持たれます。

そして、**リーダー自身が話していると、どうしてもメンバーの反応や表情を正確にキャッチすることができません。**

なぜなら話すことに一生懸命になって、意識が一方通行になってしまうからです。そんな状況でリーダーが「みんな、わかったか？」なんて聞いても、部下たちは「わかりました」と言うしかありません。

その点、腹心が話し手ならば、メンバーの反応、理解度、表情、感情など、さまざまな要素をじっくり観察することができます。**「この人はわかっていないな」**とか**「この子は、反対意見を持っているな」**などを微妙な表情からくみとることも可能です。

さらに、腹心が説明役を担ってくれれば、リーダーがメンバーに向かって「ここ、理解できたか？」と聞いた際、「いや、ちょっとわからないです」と部下たちも正直になりやすいはず。チーム内のコミュニケーションがスムーズかつ正直になるわけです。

もう1つ加えるならば、腹心が話し手になることで、腹心自身が「自分ごと」としてとらえるようになり、チームのみんなに理解してもらおうと本気で考えるようになります。

こうやって見ていくと、腹心が話すことによって得られる利点はたくさんあります。

point

「話し手」は、リーダーではなく、腹心に任せる

「ちょっとしたサイン」を絶対に見逃さない

以前、私の部署でこんなことがありました。

あるとき、たばこの売上をアップさせるために「10個まとめ売りを推進しよう」という方針を本社が打ち出したのです。具体的には、ワンカートン（10個パック）を買ってくれたお客さまには、何かしらのノベルティグッズをつけて販売しようというわけです。

その戦略を、腹心がチームのメンバーに話していたのですが、**あるメンバーの表情がイマイチ冴えません。**私は黙って観察していたので、そのメンバーの表情の異変にすぐに気がつきました。

そこで私は、その部下に「ノベルティグッズを投入しても、10個パックのまとめ売りは難しいかな？」とさりげなく聞いてみました。

すると彼は「どうでしょうね。まとめ売りはいいんですけど、実際の現場では肝心のノベルティグッズがうまく活用されていないと思うんですよね」と言ったのです。

どんな商品にもノベルティグッズをつけて販売するというスタイルはよくあります。たばこの場合であれば、「10個パックを買ってくれたお客さまにはライターをプレゼント」といった具合です。


ところが彼が言うには、現場ではお客さまが商品を買ってくれた後に「こちらプレゼントです」と渡しているケースが多く、お客さまはそこで初めてノベルティグッズの存在を知るというのです。これでは販売促進にまったく役立っていません。

そして彼は**「店頭で販売している方にも協力していただいて『10個買うと、ノベルティグッズがついていますよ』と口頭で勧めてもらうようにするべきだ」**と言うのです。

彼の提案を生かして「ただ単にノベルティグッズを投入するだけでなく、もっと店頭の販売員さんとの連携を強化しよう」ということになりました。

その甲斐あって、あるスーパーでは「たばこを10個買うと、当店人気の液体洗剤がもれなくつきます！」と店内放送までしてくれるようになり、売上が7倍も伸びました。

そのきっかけとなったのが、ミーティングでの「彼の浮かない表情」でした。

もし、私自身が会社の方針を説明する役を担っていたら、その「浮かない表情」を見落としていたかもしれませんし、説明するのに手いっぱいで「ノベルティグッズを投入しても、10個パックは売れないかな？」と根本的な質問をすることはできなかったでしょう。

どんなに風通しの良い組織でも、上司やリーダーが話しているときに「それはちょっと違うと思う」「わからないので、もう一度説明して欲しい」と部下が自発的に言うのは難しいと思います。多くは、その思いをグッとのみ込み、その場をやり過ごして終わりです。

しかし、人というのは必ずちょっとしたサインを発しているものです。意見を言うまでに至らなくても、「ちょっと違うな」と首をかしげてみたり、「よくわからないな」と顔をしかめたりしているのです。そして、そのちょっとしたサインにこそ「大きな価値」「重大なヒント」が隠されていることが往々にしてあります。その小さなサインを見落とさず、チーム全体の問題としてとり上げるのは、やはりリーダーの仕事です。

> **point**
>
> **部下が首をかしげていたり、顔をしかめていたら要注意**

部下のちょっとしたサインを見逃さない

Case：会議にて

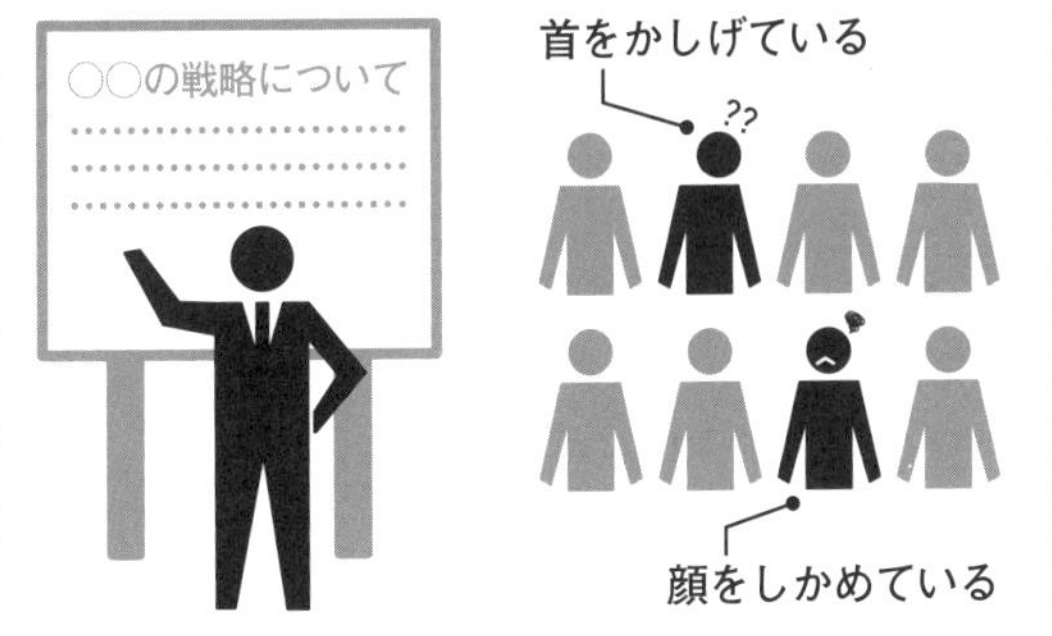
○○の戦略について
首をかしげている
??
顔をしかめている

**こうしたサインの中にこそ、
「大きな価値」や
「重大なヒント」が
隠されている！**

見逃さないように
しないと！

ちょっとしたサインの一例

- 何か言いたそうな顔をしている
- 表情が冴えない or 不満そうな顔をしている

チームの会話量を増やし、活性化させるには

チーム作りをする際、私はいつも「組織の会話量をいかに増やすか」という点を意識してきました。

ただし「組織の会話量を増やす」と言うと、どうしてもリーダーばかりが話すというパターンに陥りがちです。「チーム内の話し合いが大事」ということを学んだリーダーがさっそくミーティングを開いてみるのはいいのですが、結局発言しているのはリーダーだけ。そんな話をよく聞きます。

リーダーばかり（あるいは一部の人だけ）が発言し、その他の人は黙っているようでは組織の会話量が増えたことにはなりません。

組織、チーム全体の会話量を増やすコツはとにかくリーダーが「聞き役」にまわること。

前の項目で、説明は腹心にお願いするという話をしましたが、これもリーダーが聞き役にまわる1つの方法です。

リーダーは自分が発言するのではなく「いかにしてメンバーに話をさせるか」「それぞれの部下が発言する機会を作るか」を徹底的に考えるべきです。一人ひとりの発言量が少ない状態では、「正直で、助け合えるチーム」は作れません。

では、どうしたら一人ひとりの発言量を増やせるのか。もっとも単純なのは**「発言する機会を与えてしまう」**という方法です。

私は第3章の部下育成のところで、長所を見つけることが大事だと述べました。どんな部下にも良いところがあるものです。それが業績に直結していなくても、意識、考え方、習慣、仕事のやり方などがチームに良い影響を与えていたり、取引先やお客さまに喜ばれているケースはたくさんあります。

たとえば、ある人がたばこの自動販売機を拭くときに、ついでに隣にあるジュースの自動販売機も拭いているとしたらどうでしょうか。言うまでもなく、この行為はたばこの売上には直結しません。

しかし、それでお店がきれいになって印象が良くなるとしたら、当然店主は喜んでくれますし、人間関係も良くなるでしょう。

そんな行為を見つけたら、私は感心して「どうして、こんなことをしようと思いついたの？」と本人に聞きます。

本人にしてみれば、何気なく始めた行為かもしれませんし、自社以外の営業員がやっているのを見て真似をしたのかもしれません。いずれにしても、その人の仕事へのとり組み方、考え方には見習うべきところがあります。

そして、私はその部下に**「今度、チームのミーティングで発表して、みんなに教えてやってくれないか」**と言うようにしています。

それだけで部下の発言は1つ増えますし、リーダーが言うより、その本人が発言するほうがリアリティもあり、メンバーへの影響力が高まります。

さらに、チームへ発表することで、みんなから賞賛され、認められるので、本人のモチベーションアップにもつながり、「もっと何かやってみよう」と新たな工夫を生むかもしれません。まさに良いことずくめです。

部下の良いところを見つけたら、チームの前で発表してもらう。とても簡単な仕組みなので、ぜひ実践して欲しいと思います。

ここで大事なのは、まずは**リーダーが部下の良いところ（業績だけでなく、プロセスも含む）を見つけること**です。

その意識と観察力があれば、「チーム全員にシェアしたい」と感じる要素はいくらでも見つかります。そうやってメンバー一人ひとりの良いところを見つけ、どんどん発表させていけば、自然に組織の会話量は増えていきます。

point
部下にどんどん発言の機会を与える

優秀な人だけにスポットライトをあてると、チームは弱くなる

前の項目で「部下の良いところを見つけて、チームにシェアしよう」という話をしました。すると、どうしても優秀者に発表の機会が偏るようになります。もともとが「良い部分をシェアする」のですから、ある程度はそれも仕方ありません。

しかし、そのパターンだけでは本当に強いチームはできません。

優秀者ばかりが発表していたら、他のメンバーは「どうせアイツは優秀だから」とかえってモチベーションを下げるからです。

以前、こんなことがありました。私が支店長時代、月例の営業会議で「優れた営業部員の活動を紹介する」というコーナーを設けて、毎月数名、優秀者の仕事ぶりをみんなに報告してもらっていました。優秀者の発表ですから、当然会場は拍手に包まれ、会議に参加

した人たちは口々に「すごいね」「偉いね」などの感想を述べます。

もともとは「優秀者の発表を聞いて、みんなに真似して欲しい」という思いがあって始めた会なのですが、その会を2～3回やった後に「前回の発表を聞いて、実際の現場で実践してみた人はいますか？」と聞いてみたら、一人も手が挙がりませんでした。

これにはショックを受けました。遠慮して手を挙げなかった人もいたでしょうが、あまり良い効果は得られていなかったのです。その営業会議はチームのミーティングというより、もう少し大人数の会議だったこともあり**「優秀な人は優秀な人、自分は自分」**と線を引いてしまい、「自分ごと」として受け止めにくかったのかもしれません。

そこで私は考えました。

優秀者ばかりでなく、お世辞にも優秀とは言えないけれど「こんな悩みを抱えつつも、こんなふうに奮闘している」という人に発表をしてもらうのはどうだろうか。そのほうがみんなの心に刺さるのではないか。

そう考えたとき、私の脳裏にDくんという一人の営業部員の顔が浮かびました。Dくんの業績は平均以下で、基本行動も完璧には実行できていません。

でも私から見れば、Dくんなりにがんばっているのはわかります。先月には少なかった訪問回数も今月はアップさせていましたし、先方との交渉はなかなかうまくいきませんが、自分なりに言い方を変えてみるなど、それなりの工夫や努力はしていました。

だから私は、思い切ってDくんに白羽の矢を立てたのです。優秀さをアピールする必要はまったくないので「自分はどうがんばっているか」「どんなところに苦しんでいるか」「どう変化しているか」をみんなに教えてくれればいい。私はそうDくんに伝えました。

こうしてDくんはみんなの前で発表することになりました。

はっきり言って、発表内容そのものは「誰もが見習うべきもの」とはとても言えません。業績も、行動も標準以下なので、内容自体にメンバーが学ぶべきことはあまりありませんでした。

しかしDくんの発表からは、**上司や同僚にアドバイスをもらいながら何度も何度も取引先に足を運び、必死に営業活動をしている生の姿がありありと浮かんできました。**彼が現場でいかに苦しみ、悩んでいるかがストレートに伝わってきたのです。

話を聞いているメンバーたちの顔もいつになく真剣で、いつもの会議とはちょっと違う雰囲気が漂っていました。

その日の夜の懇親会で、話題の中心となったのはもちろんDくんの発表でした。

何人もの人がDくんの発表に胸を打たれ、「アイツはあんなふうにがんばっていたのか」「そんな苦労があったのか」「アイツがそこまでやっているなら、オレももうちょっとがんばってみようか」など、前向きな言葉がたくさん聞けました。

そのとき私は「メンバーの心に火をつけるのは優秀者の発表ではないんだ」ということを初めて知った思いがしました。

優れた行動をみんなにシェアすることはもちろん大事です。しかし、業績を上げられない人が一歩でも、半歩でも前進しようと奮闘している事実をシェアすることも、実はとても大事だったのです。

誰かが正直に自分の悩みや苦しみを打ち明ければ、それを聞いたチームのメンバーは

「そうだったのか」とか「オレも同じだ」など、さまざまな思いがこみ上げてくるでしょうし、同時に勇気をもらえます。事実、Dくんの発表には、チームのメンバーのやる気を引き出すという計り知れない効果がありました。

業績という面だけで考えれば、「2対6対2の法則」は確かに存在しているかもしれません。下位の2割には「落ちこぼれ」というレッテルが貼られ、チームのお荷物のように扱われている職場もきっとあるでしょう。

しかし、その**下位の2割とリーダーがどう向き合うか。あるいは、その下位の2割と他のメンバーとの関係をどのように築いていくかによって、チームの力は大きく変わってくる**ものです。下位の2割の人にだって、チームに貢献できることが必ずあります。

リーダーはそういった「業績として表れない部分」についてもしっかりと受け止め、スポットライトを当てるべきだと私は思います。

point

悩みや苦しみをシェアすることで、チームはより強くなる

人の心に火をつけるのは優秀者の発表ではない
Case 1：営業会議で成績優秀者が活動報告をする
○○○○の営業戦略
あいつはすごいよな
俺にはマネできないよ
「自分ごと」として受け止める社員が少なかった
そこで…
Case 2：「まだ結果は出ていないけれども、がんばっている人」が活動報告をする
○○○○の営業戦略
あいつ、いろいろ苦労してたんだな
俺もがんばろう
「一生懸命な姿」がメンバーのやる気に火をつけた

「縦」ではなく、「横」のチームワークを意識する

組織には「縦の関係」と「横の関係」というものがあります。

たとえば、部長が一人いて、その下に3人の課長、さらにそれぞれの課に4人の社員がいるとします。この場合、部長と課長のコミュニケーションがいわゆる「縦の関係」となります。課長と社員一人も同じく「縦の関係」です。

一方で、3人の課長同士、4人の社員同士のコミュニケーションはまさしく「横の関係」です。どんな組織にもこの「縦と横の関係」が存在しているでしょう。

組織である限り、「縦の関係」も「横の関係」もそれぞれ重要なのですが、**チームを作っていく際、より重要となるのは「横の関係」**です。

なぜ「縦の関係」より「横の関係」のほうが重要なのか。具体的に見ていきましょう。

たとえば、部長が「今後はこういうやり方でいこう」と1つの方向性を示した場合、それはまず3人の課長に伝わっていきます。

この際、部長は「3人の課長に同じ話を伝えた」と当然思うわけですが、本当は「部長とA課長」「部長とB課長」「部長とC課長」という1対1の「縦の関係」が3つ存在しているということを忘れてはいけません。**同じ場所で、同じ話を聞いたとしても、ABCという3人の課長は、それぞれ勝手な解釈をしている可能性が高い**のです。

A課長は部長の言うことをきちんと理解しているかもしれませんが、B課長はとんでもない誤解をしているかもしれない。C課長に至っては、まったく理解していないのに部長に対して「わかりません」と言えないので、わかった振りをしているだけかもしれません。

それはもちろん「課長と4人の部下」にもまったく同じことが言えます。

部長から聞いた話を3人の課長が、それぞれ4人の部下に話したときには、もはや「3×4」で12通りの解釈、理解が存在していることになりかねません。

出発点である部長から見れば、「オレはそんなことを言った覚えはない！」「誰が、そんなことをしろと言ったんだ！」ということがあちらこちらで発生するというわけです。

そこで重要になってくるのが「横の関係」です。３人の課長が部長から話を聞いたとき、「横の関係」がしっかり成立していたらどうでしょうか。

「部長が言いたかったのはこういうことだよな」「いや、それはこういう意味じゃないか」「この部分はどうしても納得がいかないよ」などの意見を交換し、共通の疑問、問題点を発見して、部長に再確認することも可能になります。

同様に、**課長が言ったことに対して、４人の部下が話し合う機会（横の関係）をしっかり持っていれば、さまざまな問題点を浮き彫りにすることが可能**です。

私は本書でも、「リーダーは上層部からの指示や命令を持ち帰るのではない。チームで話し合う議題を持って帰ってくる」、と表現しました。

それこそまさに「横の関係」を前提とした考え方。そして、言うまでもなく「横の関係」を正しく機能させるためには「みんなが自由に発言できる雰囲気」が不可欠です。

point

同じ立場の人同士の関係（横の関係）を大事にする

「横」のチームワークを意識しよう

「縦」のチームワーク

部長　課長　係長

「上司→部下」の
関係になるので、
腹をわった話し合いに
なりにくい

「横」のチームワーク

A課長　B課長　C課長

対等な立場なので、
腹をわった話し合いが
できる

**リーダーが意図的に、
「横」の
チームワークを
育てていく**

point：横のチームワークを育てる方法

◉あるテーマ・問題に対して、
同じ立場の人だけで話し合ってもらう

ギスギスしたライバル関係は、必ず変えられる

これまで本書では「リーダーと部下」「リーダーと腹心」「リーダーとチーム」という関係について語ってきましたが、ここでは少し視点を変えて「メンバー同士」の関係についても考えてみましょう。

これまで何度も述べている通り、本当に強いチームになるためには「正直で、助け合える組織」でなければなりません。本書で語ってきたことを実践すれば、それぞれ段階はあるにせよ、少しずつでも「正直で、助け合える組織」に近づいていくでしょう。

しかし、そうは言ってもチーム内でのライバル関係、もっと言えば敵対関係が生じることも当然あります。

それがいわゆる切磋琢磨の関係で、お互いが成長し合い、チームにいい影響を与えているなら何も問題ありませんが、必ずしもそんな関係にはならないのが実情です。

チーム内の敵対的ライバル関係をどうするか。
リーダーとしてはなかなか難しい問題です。

部下同士がライバル心を持ち、敵対関係になっている場合、もっとも重要なのは、あなたがリーダーとして「部下の何を評価するのか」という点です。

どんな人であれ、やはり上司の評価というのは気になります。どんなにつっぱっている人だって、上司に評価されれば嬉しいし、評価されなければすさんだ気持ちになります。ましてて、同僚にライバル心を持っている人なら、それだけ向上心も強く、リーダーの評価は特に気になるところでしょう。

こんなケースに直面して、リーダーであるあなたは部下のどこを評価すべきでしょうか。

仮に、**あなたの評価ポイントが「業績のみ」だとしたら、部下たちは当然のように業績のみを追い求め、ライバル心を剥き出しにして競い合うようになる**でしょう。

しかし、これはチームにとってあまりいいことではありません。「正直で、助け合える組織」というより、相手の足を引っ張ってでも自分の業績を上げようとするギスギスしたチームになってしまうからです。勝者は気持ちがいいかもしれませんが、敗者はやる気を失いますし、そもそもその他のメンバーがしらけてしまうでしょう。

そこで、私は以下の2点をとても大事にしていました。

①自分の能力をチームに還元する力

②他人の良いところを素直に認め、吸収する力

この2点を評価の対象としていたのです。

たとえば、Aくん、Bくんというライバル関係にある2人の部下がいたとします。どちらも優秀で、業績という面では2人とも高いレベルでチームに貢献しています。

しかし、Aくんは自分の能力をチームに還元することができず、独走してしまうタイプ。一方のBくんは、自分の能力、ノウハウをチームに還元して、メンバーの業績アップにも貢献するタイプ。

当然、リーダーとしてはBくんの「チームに還元する力」を評価するわけです。

まずは、そうやってリーダーが何を評価するのかを明確にする必要があります。このチームでは「どんな行動」「どんな能力」が認められるのか。その方向性を示すことが大事なのです。

そして、大事なことがもう1つあります。

Aくんが自分の業績にのみ固執して仕事をしているからといって「単純に評価しない」というのではリーダーとして失格。それでは「ケア」していることになりません。

この場面でリーダーとしてやるべきなのは、Aくんに対して**「どうしたらそんなふうに業績が上げられるのか、その秘訣を教えてくれよ」「どうやったら、みんなにも真似できるかを一緒に考えてくれないか」とチームに還元できるよう促し、寄り添い、一緒に考えることです**。

それはチームに有益であるばかりか、Aくん自身の成長という意味でも、大きな価値があると思います。

point

「チームへの貢献」を評価の中に組み込む

リーダーが甘えるからこそ、「助け合うチーム」が生まれる

チーム内で競い合うなら、単純に業績を競うのではなく、「いかにチームに貢献できるか」という部分で競い合って欲しいものです。そして、そういう方向へ部下を（チームを）持っていくのは、紛れもなくリーダーの仕事。前の項目では、「チームへの貢献度を評価に加える」というメソッドをお伝えしましたが、もう1つ必要なものがあります。それは、「部下に甘える」というアクションです。

「○○ちゃんのような業績をみんなにも上げてもらいたいんだけど、どうやってみんなに言えばいいのかわからないんだよ」

「チームをもっと強くしたいんだ。力を貸してくれないか」

「どうしてそんなふうにできるのか、ぜひ教えてくれよ」

このように徹底的に部下に甘え、頼りましょう。

すると、**部下は「自分の業績を上げる」「ライバルに負けない」という個人思考から、「どうしたら他のメンバーの役に立てるか」というチーム思考に切り替わっていきます。**

もちろん、言葉で言うほどすぐに人の行動や思考が変わるわけではありませんが、リーダーが甘え、頼り続ければ、必ず意識は変わってきます。

もともとが優秀なメンバーです。リーダーには思いつかないようなアイデアを出し、他のメンバーの刺激になるような言い方をしてくれる可能性は十分にあります。

こんなときこそリーダーには「利口になるより、バカになれ」という言葉を思い出して欲しいのです。あなた自身がバカになれば、必ずその部下が賢者となり、チームを助けてくれます。

全世界で1500万部以上売り上げている名著『人を動かす』に、世紀の財を築き「鉄鋼王」と呼ばれたアンドリュー・カーネギーの墓標に刻まれた言葉が紹介されています。

おのれよりも賢明なる人物を身辺に集める法を心得し者、ここに眠る。

端的に、リーダーの神髄を言い得た言葉ではないでしょうか。事実、アンドリュー・カーネギーは「優秀な人材を集めること」にものすごく長けていました。

しかし、私はそれ以上にカーネギーは**「部下の優秀さを発揮させること」に長けていた**のだと思えてなりません。どんなに優秀な人を集めても、その優秀さを発揮させられなければ、歴史的な業績を上げることなどできなかったでしょう。

本書で繰り返し述べたように、リーダーとは自身の優秀さを発揮するのではなく、周囲に優秀さを発揮させる人でなければなりません。それも「お客さまのために私たちは何をすべきか」という正しい方向へ優秀さを発揮させる。それがリーダーの役割です。

リーダー自身が個人として優秀である必要はありません。何か問題が起こったとき、自分で解決するのではなく「解決できるチーム」があれば、それでいいわけです。

そのために、私たちは「正直で、助け合える組織」を目指していくのです。

本書を読んだあなたには、ぜひとも部下に甘え、正直に「助けて欲しい」と部下に言えるリーダーになって欲しいと思います。そして、部下に誠実な関心を持ち続け、彼らのために何ができるかを考え、事実に基づいたフェアなマネジメントをして下さい。

その意識と姿勢を忘れなければ、部下たちが必ずあなたを助けてくれます。

あなたがチームを引っ張るのではなく、部下たちから「この人のことを助けてやろう」と思われる、そんな最高のリーダーに、ぜひ、あなたもなって下さい。

自分は一人じゃない。何があってもみんなが助けてくれる。

そう心から思えたとき、チームは確実に強くなります。そんなチームが作れたとき、きっとあなたはリーダーという仕事の本当の素晴らしさを実感しているはずです。

point

部下に誠実に向き合えば、メンバーがお互いを尊重し合い、助け合うチームが生まれる

Chapter 5_SUMMARY

第5章

正直で、助け合えるチームを作る

まとめ

1 「強いチームは、メンバーみんなで作るもの」という意識を持つ

2 「ちょっとしたサイン」こそ、絶対に見逃さない

3 部下にどんどん発言の機会を与えていく

4 優秀な人だけに、スポットライトをあてない

5 チームの悩みや苦しみは、必ずシェアする

6 「縦」ではなく、「横」のチームワークを意識する

7 「チームへの貢献」を評価の中に組み込む

8 リーダーが甘えるからこそ、助け合うチームが生まれる

おわりに

今から10年ほど前、私は助け合うことの大切さ、尊さというものを娘から教えられたことがあります。

それはまだ娘が高校生だったころ、彼女は陸上部に所属して駅伝をやっていました。所属していたのはなかなかの強豪校だったのですが、彼女は1年生のときにがんばって、とてもいいタイムを出し、代表選手の一人として京都で開催される全国高校女子駅伝に出場することになりました。

1年生で全国大会に出場するなんて、それはもう親としては嬉しくて、喜び勇んで京都まで応援に行きました。

会場に到着してみると、そこには全国大会特有のピーンと張り詰めた空気があって、娘も緊張した表情で着々とレースの準備を進めていました。代表選手である娘には2年生と3年生の先輩が一人ずつサポートとしてつき添ってくれていて、2年生の先輩は娘が沿道を試走するときにタオルやスポーツドリンクを持ってくれていました。

そんな娘の姿を私たち夫婦は誇らしげに眺めていたのですが、ふと気がつくと3年生の先輩の姿がありません。

いったいどこへ行ったのかと周囲を見渡してみると、会場に設営された仮設トイレの長い列のなかに彼女の姿がありました。12月27日の京都。底冷えする寒さですから、トイレに行きたくなるのも当然です。その先輩も寒さに震えながら、順番が来るのをじっと待っていました。

そして、いよいよ彼女の順番がまわってきたとき、なんと彼女はトイレに入ることなく列から離れ、必死で走って再びトイレ待ちの長い行列の最後尾に並び直したのです。

いったい、なぜそんなことをしているのか。

疑問に思った私が、一緒に京都まで応援に来ていた別の保護者の方に聞いてみると「選手がトイレに行きたくなったとき、少しでも早く行かせてあげられるように、代わりに順番待ちをしているんです」と教えてくれました。

その言葉を聞いた瞬間、私は思わず目頭が熱くなりました。

3年生の先輩は大会に出場する1年生の娘のために、寒風吹きすさぶなか2時間以上もトイレの列に並び続けているのです。私は心の中で「ありがとうございます」と何度もつぶやきながら、ボロボロと涙を流しました。


それからちょうど2年の月日が流れ、再び全国高校女子駅伝の季節が巡ってきました。

3年生になった私の娘はキャプテンとなり、娘の高校はめでたく全国大会出場を果たしていました。しかし、彼女自身のタイムはふるわず、残念ながら選手として大会に出場することはできませんでした。

それでも私たち夫婦は彼女の学校を応援するために12月の京都を訪れました。そして大会会場で、私たちは再びあの光景を目にします。

今度は、3年生になった娘がレースを走るチームメイトのために、トイレの長い列に並んでいます。自分の順番がまわってきたら、また最後尾に並び直すという、2年前に先輩がやってくれたことを今度は娘がやっているのです。

私たち夫婦は、寒さに震えながらトイレ待ちをする娘を心の中で一生懸命応援しました。

それが彼女にとって高校最後の駅伝大会でした。帰りの新幹線で私は「3年間の最後の思い出に、沿道を走りたかっただろう」と、なんとなく娘に聞いてみたら、「走れなかったのは残念だけど、チームのみんなと助け合ってここまで来られたんだから、走れなかったことはたいしたことじゃないよ」とにっこり笑って答えてくれました。

私はそんな娘を心から誇らしいと思いましたし、この2年越しの駅伝大会での出来事は、私に助け合うことの大切さと尊さを教えてくれたのでした。

私は本書で「正直で、助け合える組織の大切さ」を繰り返し述べてきました。それこそがチーム作りの基本であり、人間関係を築く根幹だと今でも強く信じているからです。

仕事であれ、プライベートであれ、相手のことを心から思いやり、素直にSOSを発し、自分にできることは全力で相手のために尽くす。そんな当たり前のことが本当に大事なのだと思います。

巻末に、私が部下との面談の際に使っていたシートの一例を、付録としてつけています。「職場で出会った仲間は、その場限りのつき合いで終わる関係ではなく、共に素敵な人生を過ごす一生の友」。そんな思いがシートの最後の「みんなで喜びや悩みを共有し、助け合って、素敵な人生にしようね」に込められています。
「正直で、助け合える組織」を作るのにお役立ていただけるかと思いますので、ご活用下さいませ。

私はこのたび、さまざまな人の助けや支えのおかげで、本書を出版することができました。それは何十年にもわたり、私という人間を多くの人が助けてくれたおかげであり、本書はその集大成だと思っています。これからも、本書で繰り返し述べてきた「みんなで助け合って、一人の落ちこぼれも出してなるものか」という信念を、一人でも多くの方にお伝えできればと思っております。

落ちこぼれで、特にこれといった能力もないのに、私の力を認めてくれ、さまざまなチャンスを与えてくれたJTという会社。多くのアドバイスをして下さり、ときに陰で見守り、ときに厳しく叱咤して下さりながら、私を育てて下さった多くの上司の方々。そんな方たちに心から感謝しています。
さらには、私というリーダーのもとで一緒に汗と涙を流し、懸命にがんばってくれたチームのメンバーたちに、言葉では言い尽くせないほどの感謝の思いでいっぱいです。本当にありがとう。

そして、言うまでもなく、公私両面において私を支えてくれた父、母、弟、妻、息子、娘に大変感謝しています。また、出版にあたりさまざまな形で助言を下さり、サポートをしていただいた学習院大学の内野崇教授、イイダテツヤさま、ダイヤモンド社の中村明博さまに、この場をお借りして深くお礼を申し上げます。

最後に、長期にわたり薫陶をいただいた上、こうした形で私自身のＪＴでの経験をとりまとめた書を世に送り出すことを快諾していただいた、日本たばこ産業株式会社代表取締役である小泉光臣社長に厚く御礼を申し上げます。

本当にありがとうございました。

２０１３年　８月

浅井　浩一

特別付録：コミュニケーションシート※1

1 自分が大切にしていること、大切にしたいこと

(1) 人生

(2) 仕事

2 これからさらに自分を成長させるために

(1) 乗り越えたい課題

1. 人生

2. 仕事

(2) 相談にのってもらいたいこと（気軽になんなりと）

※1　著者が「ぶっちゃけ本音の座談会」で使用していた、メンバーとのコミュニケーションシート

◎ 自分のいいところ

（自分から見た自分のいいところ）

（メンバーから見た、自分のいいところ）
※部のメンバーに書いてもらって下さいね

◎ 仕事に限らず、苦しかったことで、どうやってそれを乗り越えられたかを教えて下さい

みんなで喜びや悩みを共有し、助け合って、
素敵な人生にしようね

特別付録：コミュニケーションシート※1（記入例）

1 自分が大切にしていること、大切にしたいこと

(1) 人生

家族の幸せが一番大事。
楽しく、充実した人生にしたい。

(2) 仕事

仕事上で、自分とかかわった人たちを幸せにしたい。
業界内で目標とされる人間になりたい。

2 これからさらに自分を成長させるために

(1) 乗り越えたい課題

1. 人生

これまで以上に、
風通しの良い家庭を作りたい。

2. 仕事

問題を自分一人で抱えないようにしたい。

(2) 相談にのってもらいたいこと（気軽になんなりと）

さらなるレベルアップのために、自分に足りないところを
教えて欲しい。

チームの会話量を増やしたいが、どうすればいいかわからない。

※1　著者が「ぶっちゃけ本音の座談会」で使用していた、メンバーとのコミュニケーションシート

◎ 自分のいいところ

（自分から見た自分のいいところ）


真面目。

物事に粘り強くとり組む。


（メンバーから見た、自分のいいところ）
※部のメンバーに書いてもらって下さいね

論理的で、言葉に説得力がある。仕事に対する情熱や探究心。
メンバーへの声かけやさりげない気配り。
前例や先入観にとらわれず、
新しい仕事のやり方を常に模索している。

◎ 仕事に限らず、苦しかったことで、どうやってそれを乗り越えられたかを教えて下さい

成績が上がらず、落ち込んで自信喪失していたとき、

「お客さまを大切にし、基本をしっかり守れば、
成果は必ずついてくる」と、先輩が話しかけてきてくれました。

「何にも咲かない冬の日は、下へ下へと根を伸ばせ」

という言葉は、一生忘れられません。

**みんなで喜びや悩みを共有し、助け合って、
素敵な人生にしようね**

[著者]
浅井浩一（あさい・こういち）
1958年生まれ。JT（日本たばこ産業）に、「勤務地域限定」の地方採用として入社。「どんなにがんばっても偉くなれない立場」から、キャリアをスタートさせる。日本一小さな工場勤務での、きめ細かなコミュニケーションを通じた働きぶりを買われ、本社勤務に。その後、営業経験がまったくない中で、全国最年少所長に抜擢され、リーダーとしての一歩を踏み出す。
「まず、自分にできることを一生懸命やる」「部下を信頼し頼る」をモットーに、自ら自転車で販売店をまわり、部下と共に汗をかくひたむきさに、「こんな素人の若造に、何ができるんだ！」と疑念を抱いていた部下たちも信頼を寄せるようになり、営業所の業績も急上昇していく。
「一人の落ちこぼれも作らず、チームが一丸となるマネジメント手法」により、職場再建のプロと称され、次々と任された組織を活性化させ、とうとう歴代最年少の支店長に大抜擢。31支店中25位より上位の成績をとったことがなく、閉塞感に陥っていた高崎支店（群馬県管轄）を２年連続で日本一に導く。また横浜支店（神奈川県管轄）では、会社史上初の外資系企業からのシェア奪還を果たすなど、数々の偉業を達成。
2001年より、JTの経営幹部を勤めながら、日本生産性本部（経営アカデミー）で多くの企業幹部を指導。
現在、一般社団法人日本マネジメントケアリスト協会理事長に就任し、「助け合えば、個人も組織も元気になる」をメインテーマに、業種を問わず、数多くの企業、大学、ビジネススクール、行政機関等で幅広く講演、コンサルティングを行う。これまで１万人以上のリーダーを指導し、「意識と行動を変える超実践派」として、高い評価を得ている。

●著者HP
http://www.ayayagakkou.com

はじめてリーダーになる君へ

2013年８月29日　第１刷発行
2021年７月14日　第10刷発行

著　者――――浅井浩一
発行所――――ダイヤモンド社
〒150-8409　東京都渋谷区神宮前6-12-17
https://www.diamond.co.jp/
電話／03·5778·7233（編集）　03·5778·7240（販売）
装丁――――――奥定泰之
本文デザイン・DTP―斎藤 充（クロロス）
編集協力――――イイダテツヤ
校正――――――鴎来堂
製作進行――――ダイヤモンド・グラフィック社
印刷――――――加藤文明社
製本――――――ブックアート
編集担当――――中村明博

ISBN 978-4-478-02308-2